세계 최고의 학교는
왜 인성에 집중할까

세계 최고의 학교는
왜 **인성**에 **집중**할까

최유진, 장재혁 지음

하버드가 선정한 미국 최고 명문고의
1% 창의 인재 교육법

다산지식하우스

　자녀교육. 한국 부모에게 참 큰 숙제다. 하지만 어디 한국 부
모, 한인 부모만 교육열이 강하겠는가. 한국, 중국, 인도 부모들
이 자녀의 대학 입시 준비에 헌신하듯이 미국 부모들도 자녀의
학업과 예체능 뒷바라지를 위해 애쓴다.

　어쩌면 공부만 시키면 되고, 수많은 학원들의 사교육 서비스
를 이용할 수 있는 한국 엄마들이 더 쉬운지도 모르겠다. 학업과
함께 예술 분야의 한두 가지 활동을 해야 하고 한 시즌당 한 가
지 스포츠를 시켜야 하되 경기와 연습, 연주회 때 모든 기구와
악기를 챙겨서 밴을 타고 아이들을 따라다녀야 하는 미국의 '밴
맘van mom'이 더 고된 것도 같다. 이렇게 자녀교육에 대한 부모들
의 열정은 미국에서도 참 뜨겁다.

　최근에 나는 딸의 친구인 진이 엄마를 만나게 되었다. 진이 엄

마 역시 자녀교육이라면 누구에게도 밀리지 않는 헌신적인 학부모였다.

진이 엄마와 이런저런 얘기를 나누던 중, 나는 우연찮게 나와 남편이 필립스 엑시터에서 교사로 재직했다는 말을 하게 되었다. 그러자 진이 엄마는 이 말이 끝나기가 무섭게 탄성을 터뜨렸다.

"어머! 우리 진이도 그런 학교에 보내고 싶은데! 거기 가면 하버드나 예일은 보장되는 거잖아요!"

필립스 엑시터에 관심을 가지는 것이 반가우면서도 오해에 대해서는 짚고 넘어가야겠다 싶었다.

"그렇지는 않아요. 졸업생의 3분의 1 정도만 아이비리그 수준의 대학으로 진학해요. 물론 나머지 학생들도 좋은 학교에 가기는 하지만요."

그 순간, 진이 엄마의 실망하는 표정이란. 진이 엄마는 도무지 이해할 수 없다는 듯 내게 되물었다.

"아니, 그럼 하버드도 못 갈 거면서 그 비싼 돈 주고 왜 그런 학교에 보내요?"

진이 아빠는 서울대 법대 출신의 변호사였고, 진이 엄마는 그 학벌 덕분에 본인들의 삶과 라이프 스타일이 유지된다고 굳게 믿고 있었다. 또한 그녀는 30년, 50년이 지난 뒤에도 '최고의 학벌'은 여전히 위력을 발휘할 것이라고 믿으며 그 외의 가치는 목표로 삼을 필요가 없다고 생각하는 듯 보였다.

진이 엄마뿐만이 아니라 내가 만난 많은 부모님들은—모두 진이 엄마처럼 이렇게 솔직한 반응을 보이지는 않았지만—자녀들의 '명문대 진학'과 '성공 보장'에 대한 관심이 높았다. 그들에게 교육이란 곧 성공이 보장되는 학벌을 얻을 때 의미가 있는 것이었다. 자녀들이 단순히 배움을 그 자체로 즐기며 살기를 원하지는 않는 듯 보였다.

물론 나도 내 학생들이 최고의 성적을 받기를 바란다. 또 우리 아이들이 좋은 직장에서 인정받고 활발하게 활동하기를 바란다. 하지만 우리의 자녀와 학생들이 인간다운 가치를 실현하기 위해서는 고민의 초점이 달라져야 한다.

'어떻게 하면 가장 높은 시험 점수를 받을 것인가?' '어떻게 하면 가장 멋진 스펙을 갖출 것인가?' '어떻게 하면 덜 힘들게 일하면서 더 많이 버는 직업을 가질 것인가?'에서 더 넓고 근본적인 방향으로 바뀌어야 한다.

인체의 모든 세포가 뇌세포나 심장세포가 될 필요는 없다. 아니, 그렇게 된다면 인체는 살아갈 수 없다. 각각의 세포가 건강하게 제 역할을 다하며 유기적으로 연결될 때 우리 몸은 건강해진다. 인재를 키우는 것도 비슷한 이치이다.

전 아나운서이자 지금은 교수이기도 한 신은경 씨는 『홀리스

피치』에서 "모두가 리더가 되고자 하면 리더에 힘을 실어주는 협력자의 …… 소중함은 어디서 (배울 것인가!)"라고 말했다. 이 말은 인재라면 언제 리더십을 발휘해야 할지, 언제 한 발짝 뒤로 물러서서 협력해야 할지를 알아야 한다는 점을 말해 주고 있다.

이 책『세계 최고의 학교는 왜 인성에 집중할까』는 최고의 학벌을 어떻게 가질 것인가에 대한 지침서가 결코 아니다. 미국 인재 교육의 산실이라 불리는 필립스 엑시터 아카데미에서 인성을 갖춘 인재 교육이 어떻게 펼쳐지고 있는지를, 또 인성과 지성이 균형을 이룰 때 전인 교육이 달성될 수 있음을 말하고 있다.

미국 교육의 현장은 당연히 한국과는 다르다. 언어뿐 아니라 생각하는 방법도, 문화도, 주 정부·연방 정부 등 사회의 체계도 다르다. 교육을 바라보는 시각도, 자녀들에게 바라는 학부모의 기대도 역시 다르다. 하지만 분명 그 속에서도 최고의 명문고와 인정받는 학교라면 한국에도 의미 있는 방향을 제시해 줄 수 있을 것이다.

이 책을 통해 독자들과 함께 우리 학생과 자녀들에게 어떠한 교육을 경험케 하여 참 인재로 성장시킬 수 있을지, 그래서 선생님과 부모가 도울 수 있는 것은 무엇인지에 대해 찾아보고자 한다.

모쪼록 우리의 글이 독자들께 교육의 의미를 다시 생각해 보는 계기가 되기를 소망한다.

편의상 본문은 한 명의 시점에서 서술했지만 이 책은 우리 두 사람이 함께 썼음을 밝힌다. 또한 책에 등장하는 모든 학생은 가명을 사용하였음을 밝힌다.

최유진, 장재혁

차례

2부
최고의 명문고, 인성에 주목하다

필립스 엑시터 아카데미Phillips Exeter Academy는 미국에서 대표적인 명문고로 꼽히는 학교다. 우리 부부는 박사학위 취득 후 그곳에서 4년 동안 생물 교사와 음악 교사로 재직했다. 그리고 그 경험을 바탕으로 이 책을 쓰게 되었다.

한국에서는 어떤 학교가 명문고라 여겨질까? 아마도 상위권 대학, 그중에서도 특히 서울대에 많은 학생을 진학시키는 학교일 것이다. 그래서 수업의 목적은 무엇보다도 학생들의 등수를 끌어올리는 것에 맞추어 진다. 학부모 역시 학교가 그래 주기를 바란다.

그 모습을 보며 우리는 이런 의문이 떠오른다. 한국 사회는 학교의 역할을 지나치게 축소하고 있는 것이 아닐까? 어른들이 교육의 본질을 잊은 사이, 아이들은 학교 수업이 학원 강의처럼 변해 버린 상황에 방치된 것이 아닐까?

우리가 필립스 엑시터 아카데미에서 경험한 교육은 전혀 달랐다. 시설이 뛰어나고 커리큘럼이 다양하다는 점도 다르지만, 무엇보다도 수업의 목적이 단순히 학습에 있지 않았다. 필립스 엑시터 아카데미는 인성을 갖춘 인재를 키우는 것이야말로 진정한 교육이라는 사실을 한순간도 잊지 않았다. 학생들의 인성이 수업을 통해 성장하고 성숙해 가는 모습을 보는 것은 필립스 엑시터 아카데미의 교사로서 가질 수 있는 최고의 즐거움이자 보람이었다.

지금부터 필립스 엑시터 아카데미의 교육 철학과 수업 방식을 하나하나 풀어내려 한다.

Part 01

세계 최고의
명문고를
만나다

Phillips
Exeter
Academy

FOUNDED 1781

보스턴에서 자동차로 약 한 시간 거리인 뉴햄프셔주 엑시터에는 미국 최고의 명문고 필립스 엑시터 아카데미가 자리하고 있다. 1781년 존 필립스가 설립한 이 곳은 지식이 없는 선함은 약하고 선함이 없는 지식은 위험하다는 설립 이념을 실천하며 수많은 인재를 배출하고 있다.

01

고등학교 이상의
고등학교

필립스 엑시터 아카데미와의 첫 인연

2004년 봄, 우리 부부는 보스턴에 거주하며 박사 논문을 준비하고 있었다. 어느 날, 우리가 다니는 교회의 목사님이 한 가지 부탁을 하셨다.

"이번에 한국의 한 교회에서 보스턴에 오는 분들이 있어요. 미국 교육 답사단인데 이 지역에 있는 유명한 보딩스쿨 몇 군데를 돌아볼 예정이라고 해요. 최유진 선생님과 장재혁 선생님 모두 교육 분야에 관심이 많으시잖아요. 평소에 한국 유학생들도 많이 만났고요. 그러니 그분들의 안내와 통역을 도와주면 좋겠는데, 어떻습니까?"

보딩스쿨이란 기숙형 사립학교를 가리킨다. 미국의 고등학교는 크게 공립학교와 사립학교로 나뉘고, 사립학교는 기숙형인 보딩스쿨과 통학형인 데이스쿨로 나뉜다. 기숙형과 통학형이 혼합된 보딩스쿨도 많다. 미국에서 전통적으로 명문고라 여겨지는 학교들을 보면 보딩스쿨이 다수를 차지하고 있다.

원래 우리 부부는 보딩스쿨에 대해 잘 알지 못했다. 남편은 한국에서 대학을 졸업한 뒤에 유학을 왔고 나는 초등학교를 졸업하고 이민 온 뒤 줄곧 공립학교만 다녔기에 보딩스쿨을 경험할 기회가 없었다. 더구나 나의 부모님은 미국 공립 교육에 큰 믿음을 가지고 계셨고, 두 자매를 줄곧 공립학교에 보내 모두 하버드대까지 진학시킨 것에 대해 굉장히 자랑스럽게 여기셨다. 그런 부모님의 영향으로 학창 시절의 나는 '보딩스쿨? 그런 데는 공립학교에서 쫓겨난 문제아들이 가는 거 아닌가?' 하는 편견까지 가지고 있었다.

우리가 보딩스쿨을 제대로 알게 된 것은 보스턴에 살면서부터였다. 보스턴은 미국에서 '교육의 도시'로 통한다. 하버드를 비롯해 MIT, 보스턴대, 앰허스트대, 웰슬리 여대 등 많은 대학이 보스턴과 그 주변에 자리하고 있다. 대학뿐만이 아니다. 미국에서 이름을 떨치는 보딩스쿨 중 상당수는 보스턴 근처에 위치해 있다. 한국식 표현으로 하자면 이 지역은 '우수한 학군'인 셈이다. 그래서 보스턴에서는 한국에서 보딩스쿨을 목표로 오는 어린 유학생들을 많이 볼 수 있다. 우리는 유학생들의 학업을 도와주고 상담해 주는 일을 했는데 그러다 보니 자연스럽게 보딩스쿨이 여러 장점을 가졌다는 사실을 깨닫게 되었다.

그러던 터에 직접 보딩스쿨들을 찬찬히 둘러볼 기회가 생겼으니 우리로서는 목사님의 제안을 마다할 이유가 없었다. 두 번 생각할 것 없이 흔쾌히 "네, 좋아요" 하고 대답했다. 물론 이때만 해도 그 일이 우리의 미래를 바꾸게 되리라고는 전혀 알지 못했다.

눈앞에 다가온 보딩스쿨 탐방을 앞두고 우리는 기대에 가득 찼다. 우리가 둘러보게 될 보딩스쿨 중 하나가 바로 필립스 엑시터 아카데미였다.

한국에서는 대학들을 무조건 일렬로 줄 세워 순위를 매기곤 한다. 이 순위는 좀처럼 바뀌지 않고 단단히 고정되어 있다. 하지만 미국에서는 다르다. 어떤 특정한 대학이 최고 명문이라고 쉽게 단정 짓지 않는다. 대학 순위는 참고 사항일 뿐이지 절대적인 것이 아니다. 어떤 점을 비중 있게 평가하느냐에 의해 순위가 달라지기 때문이다. 한국에는 잘 알려져 있지 않은 학교이지만 전공에 따라 하버드나 예일보다 더 우수한 학교로 인정받는 곳도 있다.

고등학교도 마찬가지다. 한국처럼 명문대 합격생 수만을 기준으로 순위를 매기지 않는다. 하지만 아무리 대학 순위가 고정되어 있지 않다 해도 '아이비리그'에 속하는 여덟 개 대학인 하버드, 예일, 프린스턴, 컬럼비아, 코넬, 유펜, 브라운, 다트머스가 미국의 주요 명문대로 여겨지듯, 명실 공히 명문고로 꼽히는 학교들이 존재한다.

대표적인 것이 일종의 고등학교 버전 아이비리그라 할 수 있는 TSAO Ten Schools Admission Organization다. 필립스 엑시터 아카데미를 비롯해, 자매 학교 관계인 필립스 아카데미 앤도버Phillips Academy, Andover, 그리고 디어필드 아카데미Deerfield Academy, 로렌스빌 스쿨The Lawrenceville School, 루미스 체이피 스쿨The Loomis Chaffee School, 세인트 폴 스쿨St. Paul's School, 초트 로즈메리 홀Choate Rosemary Hall, 태프트 스쿨The Taft School, 하치키스 스쿨The Hotchkiss School, 힐 스쿨The Hill School까지 열 개 학교가 포함되어 있다.

이와 비슷한 것으로 ESA Eight Schools Association도 있다. TSAO의 열 개 학교 중 힐 스쿨과 루미스 체이피 스쿨, 태프트 스쿨이 빠지고 그 대신 노스필드 마운트 허먼 스쿨Northfield Mount Hermon School이 들어간다.

여기에 이름을 올린 학교들은 모두 역사와 전통을 자랑하는 동부의 사립 보딩스쿨이다. 그동안 이곳 출신의 많은 학생이 아이비리그를 포함해 주요 명문대에 진학했다. 하지만 이 학교들이 명문고로 꼽히는 것은 단순히 이런 사실 때문이 아니다. 학생들이 학구적인 분위기 속에서 자신의 재능을 찾아 발전시키도록 이끌고, 다양한 전인 교육 시스템을 통해 인격적으로도 성숙함을 갖춘 사회인으로 성장하도록 하는 것. 바로 이것이 명문고로 평가받는 진짜 이유다.

그 가운데서도 필립스 엑시터 아카데미는 하버드에서 발행한 『하버드 사립학교 가이드The Harvard Independent Insiders Guide to Prep Schools』에서 최고의 보딩스쿨로 뽑힌 것으로 유명하다. 그러니 한국에서 온 미국 교육 답사단이 필립스 엑시터 아카데미를 꼭 방문하고자 하는 것도 당연했다. 우리 역시 답사 예정 목록에 있는 고등학교들 중 필립스 엑시터 아카데미에 가장 호기심이 생겼다. 대체 무엇이 하버드로 하여금 이 학교를 최고라 판단하게 했을까?

캠퍼스 투어

목사님의 제안을 받아들이고 얼마 후, 답사단과 우리는 보스턴에서 자동차로 약 한 시간 거리인 뉴햄프셔주의 작은 마을 엑시터에 도착했다. 바로 필립스 엑시터 아카데미가 위치한 곳이었다.

해마다 많은 학생과 부모가 입학을 염두에 두고 보딩스쿨을 방문한다. 그래서 대부분의 보딩스쿨이 대학처럼 캠퍼스 투어 프로그램을 가지고 있다. 우리 일행 역시 필립스 엑시터가 자체적으로 운영하는 캠퍼스 투어 프로그램을 통해 학교 안을 둘러

필립스 엑시터의 본관인 아카데미 빌딩.
이곳에는 전교생이 모일 수 있는 어셈블리 홀과
역사 및 철학 교실이 들어 서 있다.

보게 되었다. 우리 일행의 안내를 맡은 사람은 줄리라는 이름의 교직원이었고 우리는 줄리를 따라 본격적인 탐방을 시작했다.

필립스 엑시터는 2.7제곱킬로미터의 넓은 땅에 세워진 131개의 크고 작은 건물들로 이루어져 있다. 학교 안으로 들어설수록 우리 일행의 입에서 연신 감탄이 쏟아졌다. 고풍스러운 빨간 벽돌 기숙사와 과목별로 수업이 이루어지는 건물들, 그리고 잘 가꾸어진 널찍한 정원까지, 여느 대학 못지않은 캠퍼스였다. 아름답기로 유명한 하버드에 비교할 수 있을 정도였다. 그 위용만으로도 필립스 엑시터의 전통과 기품을 느끼기에 충분했다.

유명 건축가 루이 칸이 설계했다는 도서관은 모던한 건축미가 돋보였다. 그저 바라보는 것만으로도 감동적이기까지 했다. 줄리가 자부심이 담긴 목소리로 도서관에 대해 설명해 주었다.

"이 도서관은 현대 미국 건축물을 대표하는 열두 개의 작품 중 하나로 선정되어 우표에 실린 적도 있답니다. 더욱 자랑스러운 사실은 중고등학교 도서관으로는 미국에서 가장 큰 규모라는 것이죠. 학업에 필요한 자료는 물론이고, 무려 15만 권이나 되는 다양한 책이 소장되어 있어요. 웬만한 대학 도서관보다도 더 많은 양이죠. 우리 학생들은 이 도서관에서 학문적 호기심을 맘껏 충족시키고 자유로운 토론으로 더 넓은 세상으로 나아가고 있습니다."

15만 권이라니! 더구나 대출 기간은 3주나 되고 대출 한도는 무제한이라고 했다. 어려서부터 책을 너무 좋아해서 책이라면 손에 닿는 대로 읽던 나는 그 사실에 압도되었다.

이어서 마주하게 된 곳은 본관 건물이었다. 필립스 엑시터에서 가장 긴 역사를 지닌 건물 중 하나로, 오래된 건물이 주는 특유의 묵직함이 인상적이었다. '아카데미 빌딩'이라 불리는 이곳은 1945년 이 학교를 졸업한 소설가 존 놀스가 자신의 모교를 배경으로 쓴 장편 성장소설 『분리된 평화 A Separate Peace』*에 자주 등장하는 장소다. 그만큼 필립스 엑시터를 상징하는 대표적 건물인 셈이다.

아카데미 빌딩 내부는 전교생이 일주일에 두세번 씩 모이는 어셈블리 홀과 역사와 철학, 종교학, 수학 교실로 구성되어 있었다. 줄리는 우리 일행을 한 교실로 안내했다. 역사 교실인 그곳은 역사 선생님의 연구실이자 서재이기도 했다. 오래된 책에서

---

* 『분리된 평화』는 명문 보딩스쿨에 입학한 주인공 진이 잘생기고 리더십 있는 피니와 친구가 되면서 벌어지는 이야기로, 사춘기 소년들의 우정과 갈등을 섬세하게 묘사한 것이 특징이다. 1959년 출간된 직후 베스트셀러가 되었고 오늘날까지도 여전히 사랑받고 있다. 존 놀스는 이 작품으로 윌리엄 포크너 상의 초대 수상자가 되었다.

유명 건축가 루이 칸이 설계한 도서관. 무려 15만 권의 도서를 소장하고 있으며 중고등학교 도서관 중 최대 규모를 자랑한다.

책을 보관하는 곳만이 아니라
책을 읽는 학생들을 위한 공간인 도서관의 내부

맡을 수 있는 그윽한 향기가 풍겨 왔다. 아카데미 빌딩과 동시에 생겨난 것이 아닐까 싶을 정도로 오래되어 보이는 타원형의 책상이 눈에 띄었다. 책상 위에는 긴긴 시간에 걸쳐 학생들이 새겨 넣은 낙서가 그대로 남겨져 있었다. 학교 전체가 마치 세대를 넘어 살아 숨 쉬는 거대한 박물관처럼 느껴졌다. 줄리가 빙그레 웃으며 말했다.

"많이 낡아 보이죠? 필립스 엑시터 아카데미는 책상이 좀 손상되었다고 바로 새것으로 바꿔 버리지 않아요. 이런 것도 모두 학교의 역사니까요."

다음 순서는 과학관이었다. 입구에 들어서자 천장에 걸린 거대한 뼈 구조물이 우리를 맞이했다. 완벽한 형태로 조립된 혹등고래의 뼈였다. 이것을 매일 보다 보면 학생들의 마음속에서 과학적 호기심이 저절로 솟아날 것 같았다.

과학관 안에는 스무 개의 과학 교실이 있고 각 교실마다 내부에 실험실이 포함되어 있었다. 이론과 실험 사이에 어떠한 벽도 없는 교실 구조였다. 책을 통해 배우고 그것을 곧바로 실험으로 체험할 수 있다니! 다양한 도구가 갖추어진 실험실 자체도 내가 다닌 대학의 실험실보다 좋아 보였다. 과학을 전공하는 사람으로서 고등학교 때부터 이러한 실험실에서 공부할 수 있는 필립스 엑시터 학생들이 한없이 부러웠다.

그때 우리 눈길을 끄는 것이 있었다. 역사 교실에서 보았던 것과 비슷하지만 훨씬 새 것으로 교실 한가운데 자리 잡은 커다란 타원형 탁자였다. 줄리가 말을 꺼냈다.

"여러분, 하크네스 테이블에 대해 들어 보신 적 있나요? 필립스 엑시터 아카데미는 하크네스 테이블 교육으로 더욱 유명해졌죠. 이 교육의 특징은 학생들의 질문과 토론으로 수업을 이끌어 간다는 점이에요. 비교적 답이 명확한 과학 수업에서도 예외가 아니죠. 학생들은 바로 이 탁자에 둘러앉아서 토론을 하게 돼요. 이 탁자를 하크네스 테이블이라고 불러요. 하크네스 테이블은 우리 학교의 상징과도 같은 거예요."

나는 학생들이 이 탁자에서 어떻게 토론을 벌이는지, 토론을

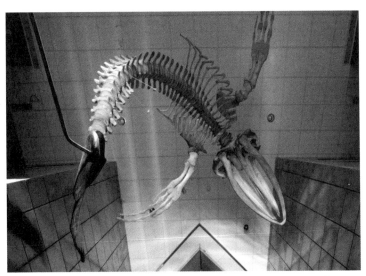

펠프스 과학관 입구 천장에 걸려 있는 거대한 혹등고래뼈

통해 과학이란 학문에 어떻게 접근해 가는지 여간 궁금한 것이 아니었다. 내 임무는 어디까지나 답사단을 위해 통역을 하는 것이었지만, 마음속에서 차오르는 흥분과 호기심을 주체하기 힘들었다.

"정말 대단하네요. 고등학교가 이렇게나 수준 높은 시설을 가지고 있다는 것도, 그렇게 토론을 한다는 것도 말이에요. 저도 과학도인데, 이곳 학생들이 실제로 과학 수업을 하는 모습이 굉장히 궁금해요."

내 말에 줄리가 관심을 보였다.

"과학도라고 하셨나요? 어떤 분야를 전공하세요?"

"신경생물학이에요. 지금은 하버드에서 박사 과정에 있어요. 제 남편은 보스턴대에서 음악으로 박사 과정을 밟고 있고요."

"멋지네요. 좋은 선생님이 되실 수 있을 것 같은데요. 필립스 엑시터 아카데미에서 가르쳐 보지 않으시겠어요?"

나는 웃으며 고개를 저었다.

"저는 오늘 통역을 돕느라 같이 왔을 뿐인걸요. 졸업 후에는 대학에서 가르칠 생각이고요."

"더 잘됐는데요. 이 학교 선생님들 중에는 대학에서 가르치다 온 분들도 많거든요. 박사 학위를 가진 분들도 많고요."

캠퍼스 투어를 마치며 줄리는 우리 부부에게 제안했다.

"우리 과학부 선생님들을 소개해 드릴 테니 한번 만나 보세요.

그리고 한국에서 유학 온 학생들도 만나 보시고요. 지금은 봄방학이라 학교가 비어 있으니까 학기 중에 자리를 마련하면 좋겠네요. 오실 수 있는 날짜를 미리 알려 주시면 스케줄을 잡아 둘게요."

"네, 알겠어요. 연락드리도록 할게요."

어느새 나는 나도 모르게 고개를 끄덕이고 있었다. 줄리가 너무 적극적이기 때문이었을까? 물론 그것도 한 이유였지만 다른 이유가 더 컸다. 이 특별한 학교를 다시 한 번 만날 기회를 굳이 마다하고 싶지 않았다. 답사단과 함께 다른 명문고들도 살펴보았지만 필립스 엑시터의 인상은 그중에서도 가장 강렬했다. 우리 부부는 어느새 필립스 엑시터의 모든 면에 깊이 매료되어 있었다.

02

최고의 명문고,
인성에 주목하다

역사의 시작

필립스 엑시터 아카데미의 역사는 1700년대로 거슬러 올라간다. 설립자 존 필립스는 1719년 유력한 집안에서 태어나 하버드를 졸업했다. 엑시터 지역에서 교사이자 목사로 활동했고, 결혼 후에는 아내의 재산을 바탕으로 무역과 부동산 등을 통해 막대한 부를 쌓았다. 40대 중반의 나이에 그는 엑시터에서 가장 부유한 사람이 되었다. 사업가로 성공하고서도 그는 지역사회와 교회를 위해 봉사하고 기부하는 데 힘썼다. 한때 교사였던 만큼 교육에도 관심이 많아 다트머스 대학 설립 초기에 주요 후원자 중 한 명이었다.

존 필립스가 고등학교 설립에 관심을 가지게 된 데는 조카 새뮤얼 필립스의 영향이 크다. 새뮤얼은 자신이 살고 있던 매사추세츠주 앤도버에 보딩스쿨을 만들기 위해 삼촌에게 재정 지원을 부탁했고, 존 필립스는 이를 흔쾌히 수락했다. 이렇게 해서 세워진 학교가 필립스 아카데미 앤도버다.

새뮤얼이 성공적으로 학교를 운영하자 이에 자극을 받아 존 필립스도 엑시터에 보딩스쿨을 만들기로 결심했다. 조카의 격려와 응원 속에 그는 1781년 필립스 엑시터 아카데미를 세웠다. 처음에는 학생이 56명, 교사가 한 명이었다.

존 필립스는 두 학교 운영에 모두 깊숙이 관여했다. 그리고 전 재산의 3분의 2를 필립스 엑시터에, 3분의 1을 필립스 아카데미 앤도버에 남겼다.

두 학교는 이름이 서로 비슷하다 보니 구분을 쉽게 하기 위해 각각 위치한 지역 이름을 따서 '엑시터'와 '앤도버'로 불리기도 한다. 엑시터에서 앤도버까지는 자동차로 40분 거리다. 자매 학교 사이인 만큼 교류도 활발하고 또 라이벌 의식도 강하다.

두 학교 모두 미국에서 가장 오래된 보딩스쿨에 속한다. 미국 독립 전쟁이 1775년부터 1783년까지 있었으니 미국의 역사와 함께해 왔다고 해도 과언이 아니다.

필립스 엑시터가 낳은 인재들

200년이 훌쩍 넘는 오랜 역사 동안 두 학교는 많은 졸업생을 배출했다. 그중에는 사회 지도층이나 유명인사도 다수 포함되어 있다. 앤도버 졸업생으로 가장 널리 알려진 사람은 제43대 대통령 조지 부시일 것이다. 제41대 대통령이었던 그의 아버지 부시, 그리고 플로리다 주지사를 지낸 동생 젭 부시도 역시 앤도버 출신이다.

필립스 엑시터도 대통령을 배출했다. 제14대 대통령 프랭클린 피어스다. 하지만 우리에게 더 익숙한 졸업생들은 경제계와 문화계 쪽에 있다.

대표적인 사람이 페이스북 설립자 마크 주커버그다. 공립학교를 다니다가 10학년 때 필립스 엑시터로 전학을 온 그는 과학과 라틴어에서 성적 우수상을 받았고 펜싱팀 주장으로도 활동했다. 그리고 무엇보다도 프로그래밍에 두각을 나타냈다.

당시 필립스 엑시터에서 마크 주커버그를 가르친 교사는 그에 대해 '어릴 때부터 키워 온 프로그래머로서의 자질을 이곳에서도 발휘하고 있다'라고 기록했다고 한다. 그는 필립스 엑시터에 재학 중일 때 인공 지능 기능을 갖춘 음악 재생 프로그램을 만들었다. 마이크로소프트와 AOL이 이 프로그램을 사고 그를 고용하겠다는 제안을 했지만 그는 하버드를 택했다. 물론 결국 페이스북 때문에 중퇴하게 되지만 말이다.

영화 「소셜 네트워크」의 영향으로 마크 주커버그가 하버드 기숙사에서 페이스북에 대한 아이디어를 처음 얻었다고 생각하는 사람들이 많을 것 같다. 하지만 실제 사실은 조금 다르다. 해마다 필립스 엑시터는 모든 학생, 교사, 교직원의 사진과 연락처가 수록된 노트 형태의 주소록을 만든다. 이 주소록의 정식 명칭은 '포토 어드레스 북Photo Address Book'인데 학생들 사이에서는 따로 불리는 애칭이 있다. 다름 아닌 '페이스북'. 마침 마크 주커버그가 졸업반인 12학년 때 학생회의 제안으로 이 주소록을 웹사이트로 만드는 전산화 작업이 이루어졌다. 그가 직접 전산화 작업에 참여하지는 않았지만 아마도 이때부터 미래의 페이스북은 그의 머릿속에 잠재되어 있었을 것이다.

영화로도 만들어진 세계적 베스트셀러 『다빈치코드』의 작가 댄 브라운도 필립스 엑시터 출신이다. 아버지가 필립스 엑시터의 수학 교사였기에 어릴 때부터 캠퍼스 안에서 성장하고 자연스럽게 입학까지 하게 되었다. 그 자신 또한 모교에서 영어 교사로 재직하기도 했다.

댄 브라운은 자신의 작품에 필립스 엑시터에서 만난 선생님들의 이름을 딴 인물들을 등장시켰다. 또 2004년에는 220만 달러를 학교에 기부했다. 필립스 엑시터가 그에게 각별한 의미를 갖기 때문일 것이다.

본관 아카데미 빌딩의 시계탑을 뒤로 하고 필립스 엑시터의 붉은 깃발이 펄럭이고 있다.

이 외에 전미 도서상, 오헨리 상 등 각종 문학상과 아카데미 각색상을 수상한 작가 존 어빙, 영화 「조스」의 원작자이자 각본가 피터 벤츨리, 노벨 화학상 수상자 윌리엄 스타인, 수학계의 노벨상이라 불리는 필즈상 수상자 데이비드 멈포드, 석유왕 록펠러 가문의 자손으로 연방 상원위원을 지낸 존 록펠러 4세, 링컨 대통령의 장남으로 국방부 장관까지 오른 로버트 링컨도 필립스 엑시터를 나왔다.

한국인 졸업생 중에서 가장 유명한 사람은 소설가이자 프린스턴 영문학과 이창래 교수일 것이다. 대학 1학년 때 나는 서점에 갔다가 '주목 받는 책' 코너에 진열되어 있는 신간 『영원한 이방인The Native Speaker』을 보았다. 책 표지에 선명하게 박혀 있는 'Chang—Rae Lee'라는 한국식 이름이 눈에 확 들어왔다. 나 역시 'Yoojin Choi'라는 이름으로 살아가는 이민자로서, 한국식 이름으로 활발히 활동하는 작가를 지켜보는 것은 큰 위로요 격려였다. 그 소설은 한인 이민자들의 삶을 다룬 것이었다. 그 묘사가 그리 호의적이지는 않다는 지적도 있었지만 나는 '보통 미국인' 독자들에게 한인 사회와 이민자들의 애환을 소개한 것만으로도 감사했다.

이창래 교수가 필립스 엑시터 신입생이었을 때의 일이다. 영어 수업의 첫 과제물로 제출한 단편 소설을 읽고 담당 교사가 이렇게 말했다고 한다.

"남은 기간 동안 다른 과제는 하나도 하지 않아도 좋아. 그러니 네가 쓰고 싶은 걸 쓰렴."

바로 이 순간 작가 이창래가 탄생한 것이 아니었을까.

뛰어난 잠재력을 가진 학생과 그 재능이 꽃 필 수 있도록 지지하는 교사! 바로 이것이 필립스 엑시터에서 많은 인재가 배출될 수 있었던 힘이다.

지식이 없는 선함은 약하고
선함이 없는 지식은 위험하다

그런데 이 인재들이 단지 명문고 출신이라는 학벌을 가졌기 때문에, 혹은 학교에서 많은 지식을 머릿속에 집어넣었기 때문에 사회로부터 인정받는 것일까? 필립스 엑시터가 많은 인재를 배출하는 비결은 그런 것에 있지 않다. 필립스 엑시터의 교육 이념에서 핵심은 인성이다.

존 필립스는 1781년 필립스 엑시터를 세우며 재산 기부 증서에 이렇게 썼다.

"교사의 가장 큰 책임은 학생들의 마음과 도덕성에 주의를 기울이는 것이다. 지식이 없는 선함은 약하고, 선함이 없는 지식은 위험하다. 이 두 가지가 합쳐서 고귀한 인품을 이룰 때 인류에 도움이 되는 토대가 될 수 있다."

이 말은 필립스 엑시터의 헌법과도 같이 여겨진다. 해마다 개학 후 첫 번째 어셈블리 시간이 되면 교장 선생님이 기부 증서를 주제로 연설을 한다. 이 전통은 필립스 엑시터가 개교한 후 한 번도 빠지지 않고 지켜져 왔다.

존 필립스의 설립 정신은 필립스 엑시터 아카데미의 학교 인장에서도 드러난다. 학교 인장을 들여다보면 여러 개의 문장이 보이는데, 위쪽에 있는 'Χαριτι Θεο'는 '하나님의 은총으로'라는 그리스어다. 아래쪽에 있는 'Finis Origine Pendet'는 '끝은 시작에 달렸다'라는 뜻의 라틴어다. 로마 시인 마닐리우스의 시집 『아스트로노미카Astronomica』에 있는 말이다. 그리고 떠오르는 태양 안에 있는 'Non Sibi'는 '자신을 위하지 않는'이라는 뜻의 라틴어다.

이 세 개의 문장 중 필립스 엑시터의 표어라 할 수 있는 'Non Sibi'는 필립스 엑시터의 일상에서 자주 언급되는 필립스 엑시터의 언어이다. 좀 더 풀이하자면 '이곳에서 배운 것을 자신뿐 아니라 타인을 위해 써라'라는 교훈을 강조하는 것이다.

평소 필립스 엑시터의 어셈블리 시간에는 정치, 경제, 예술, 과학 등 각 분야의 유명 인사가 방문해 강연을 하는 경우가 많다. 2007년 1월, 마크 주커버그가 모교를 찾아 전교생 앞에서 강연을 했다. 그는 페이스북을 운영하는 CEO로서 자신의 철학에 대해 이렇게 밝혔다.

"가장 중요한 것은 모든 사람들이 자유롭게 정보를 공유하는 것입니다."

주커버그는 2012년 1조 원의 재산을 사회에 기부하기도 했다. 그의 철학과 삶은 필립스 엑시터에서

'자신만을 위하지 않는' 이라는 뜻의 라틴어 'Non Sibi'가 새겨진 필립스 엑시터의 인장

배운 'Non Sibi'의 이타적 정신과 맞닿아 있는 셈이다.

'Non Sibi'는 내가 경험한 하버드의 봉사 정신을 떠올리게 한다. 하버드의 캠퍼스에는 여러 개의 출입구가 있는데 그중에서도 나는 '덱스터 게이트Dexter Gate'라는 작은 문을 좋아했다. 이 문은 캠퍼스로 들어가는 방향으로는 '들어가서 지혜를 키워라Enter to grow in wisdom'고 쓰여 있고, 밖으로 나오는 방향으로는 '나가서 나라와 인류를 섬기라Depart to serve better thy country and thy kind'고 쓰여 있다. 한마디로 '다른 사람들에게 기여하기 위해 배워라'는 것이다. 하버드와 필립스 엑시터는 같은 교육 철학을 공유하고 있는 셈이다.

미국에는 '능력 때문에 당신을 고용했지만 인성 때문에 당신과 일할 수 없다'라는 말이 있다. 취직을 할 때는 높은 학점이나

'나가서 나라와 인류를 섬기라'고 새겨져 있는 하버드의 덱스터 게이트

자격증만으로도 가능할 수 있지만 인성이 문제가 되면 회사 생활을 지속할 수 없다는 것이다. 인격이 형성되는 청소년 시기가 중요한 것도 그 때문이다.

필립스 엑시터는 전인 교육, 인성 교육을 통해 학생들을 세상에 유익함을 줄 수 있는 사람, 즉 다른 사람들을 위하며 사는 사람으로 성장시키는 것을 최고의 목표로 삼고 있다. 그래서 학생들에게 엘리트주의와 우월감을 경계하고 배려와 봉사를 실천하도록 지도한다. 학생들 역시 모든 학교생활에서 'Non Sibi'를 실천하는 것을 진정한 필립스 엑시터 학생다운 행동으로 여긴다.

필립스 엑시터가 그 긴 시간 동안 많은 인재를 배출할 수 있었던 힘, 하버드가 인정하는 최고의 명문고가 될 수 있었던 힘은 바로 여기서 나오는 것이다.

03

이런 학교도
있구나!

두 번째 만남

필립스 엑시터를 처음 방문한 후 여러 달이 지나 가을이
되었다. 우리는 조금은 들뜬 마음으로 다시 한 번 필립스 엑시터
를 찾았다. 이번에도 줄리가 우리를 맞아 주었다.

우리의 두 번째 방문은 필립스 엑시터에 재학 중인 한국인 학
생들과의 점심 식사로 시작되었다. 대부분 한국에서 살다 온 유
학생들이었다. 그동안 우리는 보스턴에 살면서 여러 유학생을
만났다. 한국에서는 성적이 우수하고 영어도 제법 잘했던 아이
들이었지만 미국에 와서는 영어로 쓰고 말하는 데 힘겨워 하는
경우가 많았다. 그런데 필립스 엑시터의 한국인 학생들은 내가
알고 있던 유학생들에 대한 선입견을 단번에 깨게 만들었다. 미

국에서 나고 자라거나 아주 어릴 때 이민 온 것이 아닌데도 어쩜 그렇게 완벽한 영어를 구사하던지.

사실 처음 만나는 어른들과 함께 식사를 하는 것이 10대 아이들에게는 아주 고역스럽게 느껴질 수 있다. 나라면 빨리 먹고 도망치고 싶었을 것이다. 하지만 이 학생들에게서는 그런 기색이 전혀 없었다. 불편해하기는커녕 오히려 적극적으로 대화를 주도하며 우리에게 여러 가지 질문을 던졌다.

"선생님은 하버드에서 어떤 걸 연구하세요?"

"우리 학교에는 무슨 일 때문에 오셨어요?"

"고등학교 때는 어떻게 공부하셨어요?"

우리도 필립스 엑시터의 생활에 대해 궁금한 것들을 질문했고, 아이들은 성실히 대답해 주었다. 예의를 지키면서도 밝게 행동해 준 아이들 덕분에 더없이 유쾌한 자리였다.

점심식사 다음 순서는 수업 참관이었다. 첫 번째 방문 때는 하크네스 테이블을 그저 구경만 했는데, 그곳에서 펼쳐지는 토론수업을 직접 볼 수 있는 기회였다. 우리가 참관하게 된 수업은 고학년이 듣는 고급 생물학 과목이었다. 이 과목을 듣는 학생들은 다음 해 봄에 있을 AP_{Advanced Placement} 시험을 치를 예정이었다. AP 시험은 대학 학점을 미리 인증받기 위한 테스트로, 난이도가 높은 편이다. 그래서 AP 시험을 준비하는 수업 또한 당연히 수준

학생이 주인이 되어 끊임없이 질문하고 토론하는 하크네스 수업.
미국뿐 아니라 캐나다 등의 학교에서 앞다퉈 도입하면서 토론식 수업의 원조가 되었다.

이 높다.

교실 안으로 들어서자 담당 선생님이 우리를 하크네스 테이블 앞으로 불렀다.

"어서오세요. 여기 학생들에게 소개 부탁드립니다."

하크네스 테이블에 둘러앉아 있는 아이들이 하나같이 초롱초롱한 눈빛으로 우리를 주목했다. 책상이 타원형이다 보니 누구 하나 가리지 않고 모든 아이들이 한눈에 들어왔다.

"여러분, 안녕하세요. 저는 오늘 하크네스 수업을 참관하기 위해 왔어요. 만나서 반갑습니다."

"반갑습니다!"

인사가 오간 후, 본격적인 수업이 시작되었다. 선생님은 책을 펼치라고 지시하고는 곧바로 학생들에게 바통을 넘겼다.

"광합성 1차 과정인 광의존반응에 대해 설명할 사람?"

우리가 '왜 벌써부터 아이들을 시키지?' 하고 의문을 가져 볼 새도 없이 한 학생이 설명을 시작했다. 배운 지 오래되어 이미 가물가물해진 우리의 기억을 단번에 되살려 줄 만큼 명쾌한 설명이었다. 설명이 끝나자 다른 학생이 처음 대답한 학생에게 물었다.

"광의존반응 중에서 순환적반응과 비순환적 반응의 차이에 대해 더 알려 줄 수 있을까?"

질문을 받은 학생이 잠깐 머뭇거리는 사이, 또 다른 학생이 자기 생각을 이야기하기 시작했다. 그다음에는, 저쪽에서 듣고 있던 학생이 교과서를 찬찬히 살펴보자며 책에 있는 내용을 큰 소리로 읽었다.

그때까지 잠자코 학생들의 말을 듣고 있던 선생님이 입을 열었다.

"그 차이에 대해서는 광의존반응에 대해 다 배우고 난 뒤에 다루게 될 거란다. 그때 다시 논의해 보자꾸나."

수업은 계속 이런 식으로 진행되었다. 학생들은 논의하고 질문하고 답하며 저희들끼리 개념을 정리해 갔다. 선생님은 토론이 자유롭게 흘러가는 대로 지켜보되, 너무 멀리 나가거나 옆으로 빠진다 싶으면 적절한 순간에 개입해 토론의 방향을 조정해 주는 역할을 했다. 학생들도 선생님도 이러한 수업이 지극히 자연스러워 보였다.

수업이 끝난 뒤, 과학부 선생님의 안내를 받으며 과학관 복도를 따라 건물 구석구석을 살펴보았다. 곳곳에 의자와 소파가 놓여 있었고 몇몇 학생들은 그곳에서도 열띤 토론을 벌이고 있었다. 과학부 선생님이 설명했다.

"이렇게 의자와 소파를 둔 건 학생들이 교실 안에서 나누던 이야기를 교실 밖에서도 이어서 계속할 수 있도록 하기 위한 거죠. 또 학생들이 따로 모여서 토론하거나 조용한 분위기에서 각자 공부에 몰두할 수 있는 작은 공부방들도 있어요."

우리는 생물 수업에도 활용된다는 수족관, 과학관 지하의 수맥과 과학관을 건축한 날의 별자리를 따서 타일이 배열된 아름다운 바닥, 웬만한 대학에도 많지 않은 고성능 전자현미경도 둘러보았다. 또 생물학, 화학, 물리학 등 각 과목의 특성에 따라 교실이 어떻게 다르게 설계되어 있는지 살펴보았다. 구성은 조금씩 달라도 하크네스 테이블이 놓여 있는 것은 모든 교실의 공통점이었다.

저녁에는 학교 근처의 레스토랑에서 서너 명의 선생님들과 함께 식사를 했다. 그중에는 하버드에서 박사후과정을 마쳤다는 생물학 교사도 있었고, 박사 학위를 받은 뒤 대학에서 가르치다가 왔다는 화학 교사도 있었다. 우리는 그분들의 이야기를 관심 있게 들었다.

"저희는 대학에서 계속 가르칠 수도 있는 상황이었어요. 하지만 필립스 엑시터를 선택했죠."

"이 학교 교사 중에서 80퍼센트가 석사 학위 이상을 가진 사람들이에요. 박사 학위까지 가진 동료들도 많이 있고요."

뛰어난 학력을 가진 선생님들이지만 필립스 엑시터에서 대학 못지않은 지적 만족을 얻고 있다고 했다. 그만큼 선생님들도 이 학교와 학생들을 진심으로 좋아하고 있었다.

그날 우리가 받은 느낌은 이렇게 표현할 수 있을 것이다.

'이런 학생들도 있구나.'

'이런 수업도 있구나.'

'이런 선생님들도 있구나.'

'이런 세상도 있구나!'

우리는 바로 이 학교에서 바로 이 학생들을 가르치고 싶다는 생각에 사로잡혔다. 이 아이들에게 우리가 가진 지식과 경험을 나누어주고 또 아이들로부터 에너지를 얻는 것이 무척이나 특별한 경험이 되리라는 기대가 확신으로 다가왔다.

필립스 엑시터의 일원이 되다

　하지만 우리와 필립스 엑시터의 인연은 좀처럼 이어지지 못했다. 일단 당장은 한창 준비 중인 박사 논문에 집중하는 것이 우리의 최우선 과제였다. 그다음 일까지 생각하기는 무리였다.

　돌아보면 이때부터 우리 부부는 인생에서 가장 바쁘고 정신없는 시기를 보냈던 것 같다. 더구나 나는 아기를 가지게 되어 박사 과정 와중에 심한 입덧에 시달렸고, 만삭의 몸으로 논문 심사를 위한 발표를 했으며, 출산 후 산후조리를 하며 논문 수정을 마쳤다. 필립스 엑시터는 우리에게 그저 '한 번쯤 일해 보고 싶은 곳'으로만 남게 될 것 같았다.

　2006년 겨울, 우리 집에 아기 용품이 배달되어 왔다. 발신인은 우리가 필립스 엑시터를 두 번째로 방문했을 때 만난 론 킴 선생님이었다. 그동안 종종 서로의 안부를 묻곤 했는데 출산 소식을 듣고 선물을 보내 주신 것이다. 선물 상자 안에 든 카드에는 축하의 인사와 함께 이런 말이 적혀 있었다.

　"지금 필립스 엑시터는 생물학 교사를 찾고 있어요. 게다가 이번에는 음악 교사도 함께 찾고 있답니다. 최유진 선생님과 장재혁 선생님 두 분에게 딱 맞춤한 자리 아닌가요?"

　론 킴 선생님은 서울에서 태어나 어린 시절 이민 오신 한인 교포로, UC 버클리와 시카고대를 졸업하고 필립스 엑시터에 재직

해 왔다. 역사 교사로서 아이들을 가르치는 한편, 부교무처장(현재는 교무처장)으로서 교사 채용의 핵심 담당자였다. 아마도 우리가 같은 한국인이라 더 관심을 가져 주신 것 같다.

감사한 제안이었지만, 선뜻 결정을 내릴 수는 없었다. 마침 그 무렵 나는 캘리포니아에 있는 한 대학에 조교수로 임용될 것이 거의 확실한 상태였다. 우리는 고민에 빠졌다.

우리의 선택은 결국 필립스 엑시터 아카데미였다. 부부가 한 학교에서 가르칠 수 있다는 점, 학교 주변 환경이 육아에 적당하다는 점도 매력적이었다. 하지만 그보다도 진정한 교육 철학과 뛰어난 시설이 어우러진 학교, 인격적 성숙함과 지적 호기심을 함께 갖춘 학생들과 함께할 수 있다는 점이 결정적인 이유였다.

2007년 초, 서류 심사와 인터뷰, 모의 수업 등의 과정을 차례로 거쳐 우리는 필립스 엑시터의 교사로 부임되었다. 이 학교 역사상 최초의 한국인 부부 교사가 된 것이다. 그렇게 우리는 필립스 엑시터 안으로 들어가 세계 최고 명문고의 수업을 함께하기 시작했다.

Part 02

최고의 명문고

인 성 에

주 목 하 다

Phillips
Exeter
Academy

FOUNDED 1781

에드워드 하크네스가 꿈꾼 교육은 열두 명 학생과 교사가 타원형 테이블에서 끊임없이 질문하고 토론하는 하크네스 수업으로 탄생하게 되었다. 하크네스 수업에서 질문은 있지만 정답은 없다. 학생들은 진리를 탐구하며 지성은 물론이고 존중과 배려를 배워 나간다.

04

질문이 다른
아이들

초보 교사, 질문의 홍수에 파묻히다

　필립스 엑시터에서의 나의 첫 수업 시간을 떠올리면 아직
도 부끄러움에 얼굴이 화끈거린다. 아마 세상의 많은 교사들이
그러할 것이라 짐작하지만.

　내가 맡은 수업은 9학년 생물학. 9학년이면 신입생이니,[*] 교사
인 나도 학생들도 이제 막 필립스 엑시터에 발을 디딘 초보였다.
열두 명의 학생들에 나까지, 모두 열세 명이 하크네스 테이블에
둘러앉았다. 참관을 할 때는 옆에 떨어져 앉아 바라보기만 했던

---

[*] 미국의 학년제는 유치원 과정과 1학년~12학년까지를 총칭해 'K-12시스템'으로 부르는 경우가
많다. 학년 수는 대개 초등학교가 각 학군별로 1~5학년(혹은 1~6학년), 중학교는 6~8학년(혹은 7~8
학년), 고등학교는 9~12학년 4년 과정으로 이루어져 있다. 필립스 엑시터는 고등학교로 9~12학
년생들을 교육한다.

그 자리에 이제 나도 앉게 된 것이다. 아이들의 눈동자가 일제히 나를 향하고 있었다.

가르치는 것이야 이미 여러 번 경험했다. 십 수년간 과외 지도를 했고, 대학 지정 튜터로 스무 명의 학생들을 가르치기도 했다. 9학년 생물학이면 교과서 내용도 쉽다. 하지만 지금부터 내가 해야 하는 수업은 그냥 수업이 아니라 '하크네스'가 아닌가. 기대감 속에 이 순간을 상상해 왔지만, 막상 현실로 닥치자 나도 모르게 긴장되었다.

첫 시간에 꼭 해야 하는 자기 소개, 수업 일정 설명 및 공지 등을 마치고 내용을 다룰 시간이 되었다.

첫 시간이니만큼 생물이란 것 자체에 대해 토론할 생각이었다. 본격적으로 생물학의 세계로 들어가기 전에 하는 일종의 '워밍업'이랄까. 그래서 '이 정도면 적당하겠지' 하는 마음으로 질문을 꺼냈다.

"우리가 여기 모인 건 생물학을 배우기 위해서지. 생물학을 공부한다는 건 뭘까? 어떤 의미일까?"

내 질문을 기다렸다는 듯 죠이가 곧바로 대답했다.

"생물학을 공부한다는 건 살아 있는 걸 공부하는 거죠."

그러자 다른 아이들도 저마다 이야기를 꺼내기 시작했다.

"그럼 살아 있는 것에 대해 먼저 정의돼야 하는 거 아닌가? 살아 있다는 게 뭔데?"

"생명이 있는 게 곧 살아 있는 거지."

"그래? 그럼 생명이 있는 것과 생명이 없는 것을 어떻게 구별할 수 있는데?"

"스스로 움직이면 생명이 있는 거 아닐까? 책상이나 바위 같은 물체는 움직이지 못하잖아."

신입생이라는 사실이 무색할 정도로 아이들은 금세 하크네스에 익숙해져 토론을 즐기고 있었다. 온갖 이야기가 튀어나오면서 토론은 산을 넘고 물을 건너 내가 전혀 예상도 못 한 방향으로 흘러갔다.

"글쎄, 꼭 그럴까? 물리학에 끈이론이란 게 있어. 모든 물질은 진동하고 있는 끈으로 이루어져 있다는 거야. 다이아몬드같이 단단한 물질조차 말이야. 그러니까 책상이나 바위도 사실은 계속 움직이고 있다는 거지."

"소크라테스는 영혼이 불멸한다고 했어. 영혼의 존재를 가지고 생명이 있나 없나를 판단할 수도 있지 않을까?"

당황해하는 초보 교사는 아랑곳없이 아이들의 질문은 사방팔방으로 끝없이 뻗어 나갔다. 끈이론이며 소크라테스가 거론되다가 급기야 '존재에 대한 철학적 고찰'까지 나오고 있었다. 아이들은 나에게도 질문을 던졌다.

"바이러스는 생명에 기생하면서 옮겨 다닐 수 있고, 유전자 변이에 의해서 진화하는데 그럼 바이러스도 생물인가요?"

"지구에 나타난 최초의 생물은 뭐였을까요? 어떤 원리로 생겨났을까요?"

"인간은 어떻게 해서 존재하게 됐을까요?"

물론 하크네스 테이블에서는 내가 아이들의 질문에 한 개의 정답을 알려 주어야 하는 것도, 아이들의 답이 틀렸는지 맞았는지 확인해 주어야 하는 것도 아니었다. 그럼에도 나는 아이들의 입에서 쏟아지는 질문과 답의 홍수에 빠져 혼이 나갈 뻔했다. 조금은 멍한 상태로 필립스 엑시터 아카데미에서의 첫 수업을 겨우 마칠 수 있었다. 호된 신고식이었다.

몇 년 전 한국을 방문했을 때, 모 일간지에서 우리 부부를 인터뷰한 적이 있다. 우리는 필립스 엑시터에서의 경험을 들려주며 "바이러스도 생물인가요?"라는 질문을 예로 들었다. 그 인터뷰 기사에 "바이러스가 생물이 아니라는 건 우리나라 중고등학교 교과서에 이미 나와 있다"라는 댓글이 달렸다.

맞다. 바이러스가 생물이 아니라는 사실은 그 질문을 한 학생도 배웠던 것이 분명하다. 그런데도 왜 그런 질문을 했을까? 교과서 내용을 깜빡 잊어버리는 바람에? 그렇지 않다. 그 학생은 생물의 정의에 대해 토론하다 보니 바이러스가 무생물이면서 동시에 생물의 특징을 가지고 있다는 점을 주목하고 싶었을 것이고, 또한 생물의 정의가 그리 딱 고정되어 있지 않다는 점을 말하고 싶었을 것이다. 하크네스이기에 가능한 질문이었다.

'정답은 없다'는 원칙은 생물학 시간에도 여전하다.
최유진 선생이 이끄는 생물 하크네스 수업에서 교사와 학생은 함께 답을 찾아간다.

토론으로 답을 찾아가다

같은 날, 남편인 장재혁 선생도 첫 수업이 있었다. 장 선생이 맡은 수업은 음악이론으로, 역시나 필립스 엑시터답게 하크니스로 이루어지는 수업이었다.

교실에는 모두 여덟 명의 학생이 모였다. 학생들의 음악적 재능이나 관심은 저마다 달랐다. 드럼을 치는 안젤라, 바이올린을 컨트리 스타일로 연주하는 방식인 피들fiddle 연주자 새미, 성악 레슨을 받고 있는 데이비드, 기타를 잘 다루는 싱어송라이터 패트릭, 트럼펫 초보자 마이클, 두 명의 피아니스트 브라이언과 알렉스, 그리고 기타를 조금 쳐 본 것을 제외하고는 악기 연주 경험이 없는 앤.

음악이론 수업을 선택한 이유도 모두 제각각이었다. 장차 대학에서 음악을 전공하기 위해 이론적인 면을 좀 더 배우려는 아이, 레슨 선생님의 조언을 받아서 온 아이가 있는가 하면, 순수한 지적 호기심에서 음악이론을 알고 싶어 하는 아이도 있었다. 서로 다르기에 더욱 재미있는 여덟 명의 조합이었다.

본격적으로 음악이론을 공부하기 위해서는 기본 개념부터 익혀야 하는 법. 첫 수업에서 다루게 된 개념은 '화음'이었다. 먼저 장 선생이 화음의 기본 개념을 설명하자 안젤라가 친구들을 향해 질문을 던졌다.

"3화음은 왜 세 개의 음으로 되어 있을까?"

마이클이 당연하다는 듯 답했다.

"그야 3화음이니까 세 개지."

그러자 데이비드가 안젤라의 질문에 살을 붙여 주었다.

"3화음이란 이름은 세 개의 음으로 된 화음이 생기고 난 이후에 붙은 게 아닐까? 안젤라는 어떻게 해서 세 개의 음이 화음을 이루게 됐는지 묻고 있는 것 같은데?"

옆에 있던 앤이 나섰다.

"어떤 기타코드는 네 개의 음으로 되어 있어. 네 개도 화음이 될 수 있다는 거지."

이야기는 꼬리를 물고 이어졌다. 장 선생이 다시 한 번 방향을 잡아 주기 위해 토론에 개입했다.

"애초에 3화음은 마치 어떤 물건을 발명하듯이 그렇게 만들어진 걸까? 아니면 오래전부터 3화음이 존재해 왔는데 나중에 사람들이 3화음이라고 이름 붙인 걸까?"

"나중에 이름 붙인 거예요."

"그래, 그렇다면 3화음과 그냥 화음은 어떻게 다를까?"

새미가 재빠르게 대답했다.

"화음 중에서도 음이 3개인 것을 3화음이라고 해요."

"맞아. 즉, 3화음은 화음의 한 종류인 거지. 자, 다시 생각해 보자. 왜 화음 하면 3화음을 떠올릴까?"

하크네스 테이블에 침묵이 흘렀다. 하지만 그 침묵은 오래가지 않았다. 브라이언이 말했다.

"3화음은 화음에서 가장 기본 단위가 아닐까요? 세포처럼 말이에요."

알렉스가 짓궂은 말투로 툭 한마디했다.

"그냥 옛날 사람들이 3화음을 좋아했나 보지 뭐."

토론은 그 후로도 한참 동안 계속되었다. 수업이 끝날 무렵 학생들이 함께 내린 결론은 이러했다. '3도씩 3개의 음이 화음을 이룰 때 가장 아름답게 들리기 때문에 현재의 3화음으로 정착되어 화음의 기본이 된 것이다.' 학생들은 화음의 정의를 배우는 것에 그치지 않고 화음의 기원에 대한 진지한 토론까지 나눈 것이다.

진지한 생각에서 나온 얘기도 알렉스처럼 툭 던지듯이 한 얘기도 사실 모두 3화음을 이해하는 데 매우 중요한 단서가 되는 것들이었다.

장 선생이 대학에서 음악 이론을 가르칠 때 대부분의 대학생들은 기존의 음악 개념에 대해 별다른 의문을 제기하지 않고 당연한 것으로 받아들였다. 하크네스에서는 아니었다. 단 하나도 당연하다고 넘어가는 것이 없었다.

첫 수업을 마치고 집으로 돌아온 우리 부부의 얼굴은 상기되어 있었다.

"내가 '생물학을 배운다는 건 뭘까'라고 주제를 제시하자마자 학생들이 자연스럽게 서로 질문을 건네는 거예요. 금방 토론의 장이 펼쳐졌는데 다들 어찌나 활발하던지. 마치 교실 전체가 살아 있는 것 같았다니까요. 생각할수록 신기해요. 이제 겨우 10대인 애들인데 어쩜 그렇게 생각이 깊이 있고 자유롭게 뻗어 나갈 수 있는지!"

"내 수업도 그랬어요. 학생들이 토론을 주도하면서 3화음에 대해 스스로 배워 갔어요. 내가 하나하나 가르치지 않아도 알아서 깨우치더라고요. 이런 게 하크네스구나 싶었어요."

하크네스 테이블에서 우리가 목격한 것은 아이들의 사고가 진동하는 현장이었고, 그 진동의 폭은 놀랍도록 넓고도 깊었다. 흥분이 좀처럼 가라앉지 않았다. 우리는 저녁 식탁에 앉아 필립스 엑시터의 학생들이 얼마나 특별한 아이들인지, 하크네스가 얼마나 경이롭고 흥미진진한 수업인지 한참 동안 이야기를 나누었다. 첫 수업의 긴장과 피곤은 어느새 사라져 있었다.

한편으로는 부담감도 엄습했다. 이 아이들과 하크네스를 함께 하는 것은 만만한 일이 아니었다. 더욱 철저한 수업 준비가 필요했다. 우리는 필립스 엑시터 최초의 한국인 부부 교사로서 멋지게 수업을 이끌어 가자고 함께 각오를 다졌다. 하크네스는 우리의 가슴 속 깊은 곳에서 교사로서의 의욕이 마구 솟아나게 만들었다.

05

토론 수업의 아이콘,
하크네스

에드워드 하크네스가 꿈꾼 교실

필립스 엑시터의 꽃이라고도 할 수 있는 토론 수업, 하크네스. 하지만 처음부터 필립스 엑시터에 하크네스가 있었던 것은 아니다. 원래 필립스 엑시터의 수업 방식도 다른 학교와 별반 다를 바 없었다. 서른 명 안팎의 아이들이 줄지어 배치된 책상에 각각 떨어져 앉아 있고, 교사는 홀로 칠판 앞에 서 있었다. 교사는 수업 시간에 권위를 내세워 일방적으로 지식을 전달하면서 암기 위주의 숙제를 내주었고, 학생들은 교사의 지적을 받아 정답을 발표할 때 외에는 조용히 앉아 있으면서 최대한 많은 지식을 습득해야 했다.

이런 방식의 수업은 1781년 개교 이래로 100년이 넘도록 계속

되었다. 1931년 에드워드 하크네스Edward S. Harkness가 모든 것을 바꾸어 놓기 전까지.

에드워드 하크네스는 1874년 오하이오주 클리블랜드에서 태어났다. 그의 아버지는 석유왕 록펠러가 운영하던 스탠더드오일의 대주주 중 한 명이었다. 아버지의 막대한 유산을 물려받은 그는 1900년대 초 록펠러, 카네기 등과 함께 미국에서 가장 부유한 사람 중 하나로 꼽혔다. 하지만 아버지와 달리 에드워드 하크네스 자신은 사업보다 기부에 더 관심이 많았다. 그는 뉴욕 공립도서관과 메트로폴리탄 미술관, 그리고 하버드, 예일, 코넬, 콜럼비아, 브라운 등 여러 대학에 거액을 기부했다.

세인트폴 스쿨과 예일에서 공부한 에드워드 하크네스가 필립스 엑시터와 인연이 닿게 된 것은 제8대 교장 루이스 페리와의 인연 때문이었다. 두 사람은 루이스 페리가 필립스 엑시터에 부임하기 전인 1902년 어느 결혼식에서 우연히 만나 우정을 쌓았다. 그런데 루이스 페리는 자신의 친구가 대부호라는 사실을 전혀 눈치채지 못했던 모양이다. 몇 년이 지나 어느 날 에드워드 하크네스가 이렇게 말했다고 한다.

"내가 세상에서 가장 아끼는 사람이 바로 자네라네. 왜 그런지 아나? 자네는 내가 부자라는 걸 모르는 순진한 바보니까."

사실 두 사람은 매우 대조적이었다. 에드워드 하크네스가 자신이 기부가 외부에 드러나는 것을 꺼릴 정도로 조용한 사람이었던 데 반해, 루이스 페리는 사람들 앞에 나서서 이야기하기를 즐기는 열정적인 사람이었다. 그럼에도 오랜 기간에 걸쳐 우정을 이어 갈 수 있었던 것은 서로에 대한 신뢰가 있었기 때문일 것이다.

1914년 루이스 페리는 필립스 엑시터의 교장이 되었다. 에드워드 하크네스는 친구를 위해 몇 차례 필립스 엑시터에 기부를 했다. 그러다 1929년 이런 제안을 건넸다. 페리 교장이 새로운 교육 방식을 고안해 내기만 하면, 필립스 엑시터에서 그것을 실행에 옮기는 데 필요한 모든 비용은 자신이 책임지겠다는 것이었다.

페리 교장은 친구의 제안대로 새로운 교육 방식을 찾기 위해 영국으로 가서 스물한 군데의 학교를 둘러보았다. 1930년 페리 교장이 에드워드 하크네스에게 제시한 교육 방식은 학급 당 인원을 줄이고 학생 상담 제도를 강화하는 것이 핵심이었다. 하지만 에드워드 하크네스는 만족스러워하지 않았다. 그는 더 근본적인 혁신을 원했다.

"내가 생각하고 있었던 게 있네. 열 명 정도의 학생이 토론을 벌이는 모습이지. 암송이 아니라 토론 말일세."

"나는 이런 방법으로 풀었어!"
지금까지 배운 수학 지식을 토대로 새로운 방법을 만들어 내는 수학 시간

하크네스 테이블에서 일어난 수업 혁명

에드워드 하크네스는 명문고와 명문대를 나온 뛰어난 학벌의 소유자이지만 정작 그에게 학창 시절은 그리 좋지 않은 기억으로 남아 있었다. 기존 방식의 교실에서는 교사로부터 주목을 받지 못하고 뒤처지기 일쑤였기 때문이다. 이런 경험으로 인해 그는 교육에 대한 문제의식을 오랫동안 품어 왔고, 토론 위주로 이루어지는 수업을 떠올리게 된 것이다. 그는 페리 교장이야말로 이 수업을 현실로 만들 수 있는 적임자라 믿었다. 그 믿음은 틀리지 않았다.

에드워드 하크네스의 혁신적인 아이디어에 깊이 공감한 페리 교장은 즉시 이를 구체화하기 시작했다. 몇 달 후, 페리 교장이 그에게 제시한 것은 교사와 열두 명의 학생들이 커다란 타원형 탁자에 둘러앉아 토론식으로 진행하는 수업이었다. 그는 약속대로 거액의 기부금을 보냈다.

이듬해인 1931년부터 변화가 차근차근 이루어졌다. 필립스 엑시터는 토론식 수업을 함께할 능력을 갖춘 스물다섯 명의 젊은 교사를 채용하고 건물을 증축해 교실 수를 늘리는 한편, 마흔다섯 개의 타원형 탁자를 제작했다. 이 탁자는 당시 영어 교사로 재직하고 있던 코닝 벤턴이 디자인한 것이었다. 먼저 고전 수업과 수학 수업부터 토론식으로 진행되기 시작되어 다른 수업으로도 확대되어 나갔다.

학생들과 교사들 모두 이 변화에 열광했다. 교사들은 이렇게 기록했다.

"탁자에 둘러앉는 것만으로도 학생들이 완전히 달라졌어요. 수업에 참여하려는 열정과 자유로운 토론이 넘치고 있어요."

"이런 환경에서 가르칠 수 있다는 건 특권이에요. 학생들에게서도 자부심이 느껴져요."

이제 필립스 아카데미에서는 타원형 탁자에서 열두 명의 학생들이 교사와 둘러앉아 서로의 얼굴을 마주하는 동등한 입장에서 토론을 벌이는 수업이 매일같이 펼쳐졌다.

에드워드 하크네스 자신은 전혀 의도하지 않았지만 그의 이름은 곧 이 새로운 수업을 가리키는 이름이 되었다. 오늘날 이러한 토론식 수업은 '하크네스 수업', 타원형 탁자는 '하크네스 테이블', 교실은 '하크네스 교실'이라 불린다.

하크네스 수업은 다른 보딩스쿨로도 전파되었다. 로렌스빌 스쿨과 세인트폴 스쿨도 에드워드 하크네스의 기부금을 받아 이를 도입했다. 현재 필립스 엑시터 외에도 60여 개의 학교가 하크네스 수업을 하고 있다. 하지만 모든 수업에서 전면적으로 하크네스 수업을 실시하고 있는 학교는 필립스 엑시터가 유일하다. 필립스 엑시터는 하크네스 수업을 전파하기 위해 교사 연수 프로그램까지 운영하고 있다.

필립스 엑시터에서는 학교신문《엑소니안Exonian》이 매주 한 번 씩 발행된다. 미국 보딩스쿨의 학교신문 중 가장 오랜 전통을 자랑하는 신문이다. 학생과 교사 들의 다양한 소식과 활동 그리고 생생한 목소리를 담고 있어 교내에서 인기가 높다. 내가 필립스 엑시터에 부임한 후, 한번은《엑소니안》유머란에 '우리 학교에서만 통하는 언어'라는 제목의 글이 실렸다. 이 글에서 소개된 단어들은 대부분 교사인 나에게는 생소한 것들이었다. 원래 10대 아이들은 자기들만 이해하는 특정한 언어를 만들어 내기 마련이지 않은가. 하지만 이 단어에 대한 정의를 읽으면서는 나도 미소를 짓지 않을 수 없었다.

가장 '필립스 엑시터'다운 단어, 하크네스

필립스 엑시터 학생들에게는 간단한 질문을 해서는 안 된다. 질문만 하면 "우리 '하크네스'해 보자Let's Harkness it" 하고 물고 늘어지니까!

필립스 엑시터에서 하크네스는 지극히 당연한 일상이 되어 아예 '토론하다'와 같은 뜻의 동사로도 사용되고 있다는 뜻이다. 필립스 엑시터를 다니고 있거나 졸업한 사람이라면 누구나 이 유머에 고개를 끄덕일 것이다.

필립스 엑시터를 처음 만든 사람은 존 필립스지만, 필립스 엑시터를 현재의 모습으로 만든 사람은 에드워드 하크네스와 페리 교장이다. 선각자적인 생각을 가진 한 기부자와 그의 뜻을 함께 한 교육가가 있었기에 일방적이고 권위적인 교실에서 탈피한 수업 혁명이 이루어질 수 있었던 것이다.

06

정답보다
과정이 중요한 수업

질문은 있지만 정답은 없다

학생은 왜 학교에 갈까? 무엇을 위해 수업에 들어갈까?
"당연히 공부하러 가지!"라는 대답이 나올 것 같다. 하지만 오늘
의 교육 현실, 특히 한국의 현실을 생각해 보면 실상 대부분의
학생들에게 공부란 교사가 내는 문제의 정답을 맞히는 것으로,
좀 더 짧은 시간 안에 많은 지식을 전달받아 성적을 높이는 것으
로 변질된 것 같다.

하지만 교사가 이미 정답을 정해 놓고 학생들이 그것을 알아
맞히는 것이 과연 무슨 의미가 있을까? 더구나 웬만한 지식쯤은
스마트폰으로 몇 초 만에 쉽게 얻을 수 있는 요즘 같은 시대에
말이다.

하크네스가 혁신을 넘어 혁명적이라고까지 말할 수 있는 것은 단지 교사와 학생이 함께 둘러앉아 눈높이를 맞추게 되었기 때문도 아니고, 학생들이 말을 많이 하게 되었기 때문도 아니다. 학생이 교사에게 이끌려가는 수동적 존재에서 배움의 주체, 생각의 주체로 바뀌었다는 것이 진짜 이유다.

내가 수업에서 만난 신입생 브라이언은 그전까지 경험했던 참여 수업과 하크네스의 차이에 대해 이렇게 말했다.

"전에는 선생님이 하는 질문에 정확하게 대답하기만 하면 됐어요. 하지만 하크네스는 모두 함께 생각과 의견을 교환하는 데 초점이 맞춰져 있죠. 그래서 하크네스가 특별한 거예요."

이것이 가능했던 이유는 정답이 없을 수도 있다는 원칙에 있다. 교사가 모범 답안을 제시하지 않아야 학생들 스스로 답을 만들어 가게 된다. 필립스 엑시터에서는 "가장 '순수한' 하크네스는 정답이 없을 수도 있다는 원칙을 바탕으로 할 때 이루어진다"라고들 말한다.

역사학자이자 퓰리처상 수상자인 아서 슐레싱어는 하크네스가 도입되던 시기에 필립스 엑시터의 학생이었다. 훗날 그는 하크네스가 가져온 변화에 대해 이렇게 말했다.

"우리가 하크네스 테이블에 앉은 이후, 교육은 결과가 아닌 '과정'이 되었다."

하크네스를 통해 수업은 더 이상 이미 정해진 정답을 발표하는 자리가 아니라 함께 답을 찾아가는 협력의 과정으로 발전하게 된 것이다.

단순히 정답을 받아들이는 대신 토론을 통해 끊임없이 질문하고 탐구한다는 점에서 하크네스는 유대인의 교육법 하브루타를 떠올리게 한다. 하브루타는 교사가 주제를 주면 두 명의 학생들이 짝을 지어 토론을 벌이는 것이다. 유대인들에게는 학교만이 아니라 가정에서도 익숙한 교육법이다. 유태인인 노벨 물리학상 수상자 이시도어 라비는 자신의 영광을 어머니의 하브루타 교육에 돌렸다.

"다른 어머니들이 하교 후 자녀들에게 '오늘 학교에서 뭐 배웠니?'라고 물어볼 때 우리 어머니는 '오늘 어떤 좋은 질문을 했니?'라고 묻곤 하셨죠. 질문을 중요시하는 습관이 나를 과학자로 만들었습니다."

물론 차이점도 있다. 하크네스는 열두 명의 학생을 기본으로 하는 만큼, '논쟁'의 성격이 강한 하브루타보다는 좀 더 '회의'의 특성이 강하다.

하크네스는 대학 수준의 수업이라고 알려져 있기도 하다. 물론 수업에 따라 고등학교 교과서를 넘어서는 내용이 다루어지는 경우도 종종 있긴 하지만, 기본적으로 하크네스도 어디까지나 교과서 범위 안에서 이루어진다. 하지만 수업 내용보다 중요한 것은 배움이 이루어지는 방식이다. 토론의 수준이 높다는 점에서, 하크네스가 대학 수준의 수업이라는 것은 아주 과장된 표현은 아니다.

아서 슐레싱어는 필립스 엑시터를 졸업한 후 하버드에서 수학했다. 그는 두 학교를 비교하며 이렇게 회고한 바 있다.

"내게는 하버드에서의 수업들이 너무도 쉬웠다. 내 사고력은 필립스 엑시터에서 이미 훈련을 마쳤다."

학생은 주연, 교사는 조연

필립스 엑시터는 교사들이 다른 과목 교사의 수업을 참관할 수 있는 수업참관 프로그램을 운영하고 있다. 학교에 부임한 지 얼마 되지 않았을 때 나는 영어와 수학 수업을 참관할 기회를 가졌다.

홀컴 선생님의 11학년 영어 수업 시간. 수업이 시작된 후에도 홀컴 선생님은 학생들이 이야기하는 것을 그저 지켜보고 있었다. 그러다 학생들에게 간간이 새로운 질문을 던지거나 발표 내용을 정정하는 코멘트를 했는데 전체 50분 수업 중 학생들에게 네 번 정도 얘기를 건넸다. 그리고 그 시간은 모두 합쳐도 채 3분에 미칠 만큼 짧았다.

하크네스 수업을 경험한 지 얼마 되지 않았던 나는 '그럼 교사는 수업 시간에 무엇을 가르치는 걸까?'라는 의문이 들었다. 어리둥절해하고 있던 내게 베테랑 영어 교사인 울프 선생님은 하크네스 수업은 가르치지 않고 '인도한다'고 말했다. 더불어 자신도 수업을 시작할 때면 강의가 아니라 질문으로 토론을 유도하도록 한다고 알려 주었다.

내가 필립스 엑시터에서 교사 채용 인터뷰를 받던 날, 생물학 교사인 맷랙 선생님은 하크네스 수업과 관련해 중요한 메시지를 던졌다. 그것은 '반(反) 강의 철학'이었다.

"하크네스 테이블에서 교사는 강의를 하지 않습니다. 열두 명의 학생들이 스스로 길을 찾을 수 있도록 안내합니다."

그때는 필립스 엑시터에서 학생들을 가르쳐 본 적이 없던 터라 이 말의 의미를 정확히 이해할 수 없었다. 그러나 영어 수업을 참관한 뒤, 나는 맷랙 선생님의 이야기를 조금 더 이해할 수 있었다. 바로 하크네스 수업에서 학생은 주연이고, 교사는 조연이었다.

그렇다면 교사는 조연이니까 별 준비를 안 해도 될까? 그렇지 않다. 학생은 재능은 많지만 아직 경험은 적어 서툰 주연 배우인 셈이다. 그런 주연 배우를 돋보이게 하려면 조연인 교사는 더욱 많은 노력이 필요하다.

교사가 주연이 되어 학생들에게 무엇이 맞고 틀린지를 가르쳐 주는 수업은 오히려 간단하다. 요즘같이 자료가 잘 준비되어 나오는 시대에, 게다가 두세 번 이상 같은 수업을 가르쳐 본 교사라면 수업 하나를 준비하는 데 한 시간 이상이 걸리지 않는다. 전통적 강의를 중요시하는 캘리포니아 뱁티스트 대학에서 강의했을 때 나도 준비 시간이 많이 필요하지 않았다.

하지만 학생들이 주연이 되어 스스로 이끌어 가는 수업은 오히려 더 어렵다. 주입식, 전달식 교육에서 교사는 단순히 지식을 전하는 데 그치지만, 질문과 토론식 교육에서 교사는 학생들의 창의적이고 즉각적인 물음에 늘 대비하고 있어야 하기 때문이다. 그래서 하크네스 수업에서 교사는 더욱 철저히 준비해야 한다.

이러한 준비는 교사가 교과서를 완벽히 이해하는 것만으로는 부족하다. 이 과정은 이미 학생들이 예습을 통해 준비해 온다. 또는 열두 명 학생들 각자가 내용을 전체적으로 이해하지 못했더라도 함께 모였을 때 서로서로를 가르치면서 대부분 해결된다.

그렇다 보니 교사는 그날의 수업과 관련하여 어느 방향에서 튀어나올지 모르는 학생들의 질문에 200퍼센트 준비해야 한다. 그래야 이미 배운 내용과 연관되는 질문이나 의견이 나온다면 학생들이 그 연결점을 찾을 수 있도록 새로운 질문을 던질 수 있다. 토론이 넓은 방향으로 확장되어 다음 달, 다음 학기에 배우게 될 내용에 대한 질문이 미리 나온다면 토론의 방향을 지도해 준다. 또 현재 연구되고 있는 내용과 관련된 꽤 수준 높은 질문이 불쑥 튀어나오는 경우도 있다. 이때 교사는 '현재 연구 중'이라는 사실을 얘기해 주거나 그런 질문을 낸 학생들을 칭찬하고 격려하는 역할을 한다. 그렇기 때문에 이번 수업의 내용이 최근에 진행되고 있는 연구와 어떤 관련이 있는지도 파악하고 있어야 한다. 마지막으로 학생들이 흥미를 잃어 갈 때 적절한 화제를 제시해 사고를 확장시킬 수 있도록 돕는 것도 빼놓을 수 없다.

하루는 동료이자 멘토인 치즘 선생님의 생물학 수업을 참관한 적이 있었다. 그날은 소화 기관에 대해 배우는 시간이었다. 그런데 이미 그 수업을 들을 정도의 학생이라면 기본적인 내용은 알고 있어서 학생들은 토론에 큰 흥미를 보이지 않았다. 분위기를 읽은 치즘 선생님은 엉뚱한 질문을 건넸다.

"너희들, 사람이 얼마나 오랫동안 아무것도 안 먹고 살 수 있는지 아니?"

학생들은 귀가 솔깃한 듯 다시 집중하기 시작했다. 그러자 치즘 선생님은 아일랜드 독립 운동가들이 60~70일 동안 단식 투쟁을 하다가 결국은 사망한 이야기를 들려주었다. 호기심을 느낀 학생들은 새로운 각도에서 소화 기관 및 영양소 대사, 몸의 여러 기관에서 일어나는 긴밀한 상관관계에 대해 토론을 나누기 시작했다.

이렇듯 수업의 주연인 학생에게도, 조연인 교사들에게도 하크네스 수업은 결코 만만한 과정이 아니다. 하지만 교사와 학생이 함께 정답을 만들어 간다는 생각이 있다면 이것은 분명 더 넓은 사고의 세계로 나아가는 디딤돌이 된다.

스스로 준비하는 아이들

기본적으로 배움은 학생들의 내면에서부터 올라오는 지적 호기심을 바탕으로 한다. 하지만 성인도 아닌 10대 학생들이 1년 내내 모든 과목에서 순수한 동기를 발휘해 공부하기란 어려운 일이다.

이럴 때 필립스 엑시터가 아니라 다른 학교에 재학 중인 학생들이라면 주로 부모의 기대나 엄마의 등쌀, 명문대에 진학하고자 하는 욕구가 공부를 하는 동기가 된다. 하지만 필립스 엑시터학생들은 다른 종류의 외적 동기이자 좀 더 직접적이고 즉각적인 이유로 공부를 하기도 한다. 바로 '급우들에게 폐 끼치지 않기' 또는 '수업 시간에 망신당하지 않기'라는 동기이다. 이 동기는 많은 학생들에게 건강한 예습 습관을 들이는 도구가 되어 준다.

하크네스를 도입한 주역 중 한 명인 루이스 페리 교장의 아들 루이스 페리 주니어는 하크네스 테이블이 도입되던 시기에 필립스 엑시터에 재학했다. 그는 하크네스 테이블이 예습에 미치는 영향에 대해 이렇게 회고했다.

"하크네스 수업 이전에도 필립스 엑시터에서 발표가 중요하기는 했어요. 하지만 스물다섯 명 정도 되는 반에서 학생 누군가가 월요일에 발표했다면 자신의 다음 차례가 금요일 정도에 돌아온다는 것을 알고 있죠. 이런 경우에 학생들이 일주일 동안 열심히 그 수업을 준비할까요? 그렇지 않습니다. 대부분은 목요일 저녁에 내용을 한번 훑어보는 정도였어요. 그런데 하크네스 테이블이 도입되고는 반의 크기도 작아진 데다가 매 수업에 참여를 해야 하니 스스로 공부를 안 할 수가 없었죠."

이제 막 학교에 들어온 신입생 에이바는 재치 있고 영민한 스타일로 수업 내용을 금방 잘 알아차렸다. 말도 조리 있게 잘해 수업 시간에 다른 학생들의 부러움을 사기도 했는데 수업이 계속될수록 에이바가 발표하는 내용은 속 빈 강정과 같이 주변을 겉돌았다. 급우들도 예전보다 에이바의 이야기에 귀 기울이지 않았다. 알고 보니 에이바는 제대로 된 예습을 하지 않았는데 더이상 하크네스 수업에서 통하지 않던 것이다.

아무리 말솜씨가 뛰어난 학생이라도 내용은 없고 말만 번지르르하게 한다면 얼마 지나지 않아 표시가 나게 되어 있다. 그리고 학생들도 누가 실속 있는 발표를 하는지, 누가 준비도 안 하고 급우들에게 묻어가려고 하는지 금방 알아차리기 마련이다. 그러니 학생들은 자연스레 예습을 열심히 하게 된다.

하크네스 테이블에서 이루어지는 천체 물리 수업

  일반적인 학교에서라면 예습은 너무 많이 할 필요도 없고 많이 하는 것이 반드시 효율적이지도 않다. 하지만 하크네스 수업은 예습 없이 불가능하다. 사실 하크네스를 위한 예습은 단순히 새롭게 배울 주제를 파악하고 과목에 따라 개념이나 공식 등의 기본적인 지식을 습득하는 정도가 아니다. 수업 전에 스스로 할 수 있는 공부를 모조리 해 오는 것이라고 말할 수 있다.

  만약 문학 수업에 대한 예습이라면 예습 과제로 주어진 교과서를 시작으로 문학 작품과 논문을 읽고 웹사이트도 찾아보면서 스스로 이해할 수 있는 범위에서 모든 것을 공부한다. 수학 수업에 대한 예습이라면 아직 공식은 배우지 않았어도 일단 문제를 풀어 보며 시도할 수 있는 방법들을 모조리 동원해 본다. 그렇게 스스로 과제와 부딪쳐 본 뒤, 수업 시간에는 예습을 통해 이해한 바를 급우들과 함께 나눈다. 또 이해하지 못한 부분은 질문과 토론으로 깊이 있게 배워 나간다. 이것이 예습을 토대를 이루어지는 하크네스 수업의 원칙이다.

대학에서 학생들을 가르치면서 나는 수업 준비가 전혀 되어 있지 않은 채 강의실에 오는 학생들을 많이 접했다. 어떤 학생들은 교수가 50분 이내에 그 많은 내용을 다 간추려서 머리에 넣어 주기를 바라기도 했다. 그때마다 나는 학생들의 그러한 태도를 고치려고 노력했다.

"나는 여러분들을 대학에서 공부할 만한 성인으로 생각하고 있습니다. 강의 시간에 어떤 내용이 다루어 지는지 미리 알려 줄 테니 교과서를 읽어 오십시오. 강의를 듣는 것이 이 내용을 마주하는 첫 시간이 되어서는 안 됩니다. 읽어 온 내용에 대해 강의 시간에 질문하십시오. 그리고 내 질문에 대답할 준비를 해 오십시오."

하지만 이런 훈련을 해 본 적이 없는 학생들은 공부를 참 힘들어했다. 돌이켜 보면 나 자신도 대학 시절에 몰아서 공부할 줄만 알았지 수업 전에 바르게 예습해 강의 시간을 100퍼센트 활용할 줄은 몰랐다.

반면 필립스 엑시터의 학생들은 이미 고등학교 시절부터 매일 예습했는지를 교사에게 확인받고 급우들 앞에서 검증해 보이는 훈련을 거친다. 그러니 필립스 엑시터를 졸업한 학생이 대학 진학 후 오히려 "대학 수업이 더 쉬워요"라는 얄미운 말을 하는 것도 무리가 아니다.

필립스 엑시터 학생들은 4년 동안 토론 수업을 하면서 단순히 말 잘하는 연습만 하는 것이 아니다. 매시간 내용 있는 발표를 하기 위해 교과서를 읽고 예습을 하면서 스스로 공부하는 힘을 길러 가고 있다.

말하기와 독서와 글쓰기는 하나다

필립스 엑시터에서는 토론이 중심을 이루는 만큼 말하기와 독서, 글쓰기 중요성을 강조한다. 토론은 말하기와 독서, 그리고 글쓰기가 뒷받침될 때 더욱 강화되기 때문이다.

아는 것과 표현하는 것은 다르다. 하크네스 수업에서 알고는 있는데 표현을 못 하거나 제대로 전달할 능력이 없으면 모르는 것과 별다를 바가 없다고 생각될 수 있다. 실제로 나도 두 학생이 서로 비슷한 생각을 했더라도 한 명이 그것을 표현하는 데 훨씬 더 논리적이고 설득력이 높다면 더욱 주목하게 된다. 그러므로 필립스 엑시터는 학생들이 자신의 의견을 제대로 말하는 능력을 기를 수 있도록 지도한다. 특히 논리적인 표현, 적절한 단어를 사용한 정확한 표현, 적재적소에 필요한 질문과 대화를 구사할 수 있도록 한다. 이것은 단순히 암기하는 것만으로는 부족하다. 특히 영어가 모국어가 아닌 유학생인 경우에 이러한 훈련은 더욱 필요하다.

혹자는 이과적 성향이 강한 학생이 문과적 성향이 강한 학생보다 언어 구사와 토론 능력이 다소 원활하지 않은 점을 당연하게 여긴다. 하지만 이과에 두각을 나타내는 학생이라 하더라도 장차 의사가 되든 엔지니어가 되든 또는 순수 과학을 탐구하는 연구원이 되든 결국은 표현 능력이 매우 중요하다.

과학을 전공한 나도 작게는 대학 내 연구실에서 하는 아이디어 회의에서부터 크게는 학술회 발표에 이르기까지 많은 사람들 앞에서 발표하는 경험을 여러 번 가졌다. 그때마다 설득력 있게 전달하는 능력이 얼마나 중요한지를 새삼 느꼈다. 이렇듯 말을 통해 생각을 전달하는 능력은 중요하다.

앞서도 얘기했듯이 하크네스 수업에서는 매시간마다 미리 책을 읽어 와야 수업이 진행될 수 있다. 그러므로 독서는 모든 수업의 기본이 되면서 공부의 초석을 이룬다.

한국에서 수업을 위한 읽기가 교과서를 미리 읽어 오는 정도에 그친다면 하크네스 수업에서는 좀 더 깊이 있게 접근한다. 학생들은 주제와 연결된 인문 서적이나 잡지, 또는 논문도 읽어야 하는 경우가 많다. 예를 들어, 영어 시간에는 교과서 예문이 아니라 셰익스피어의 희곡 한 편을 읽으면서 수업을 진행하고 과학 시간에는 《사이언스Science》지의 한 부분을 읽어와 줄기세포에 대해 토론하기도 한다. 그러니 이런 하크네스 수업을 따라가기 위해서는 빨리 읽으면서도 정독하는 훈련이 반드시 필요하다.

이러한 독서는 학생들의 성적과도 밀접한 관련이 있다. 필립스 엑시터의 영어 선생님들은 읽기와 학생들 성적 사이의 중요성에 대해 이렇게 말했다.

"학생들을 가르치면서 스스로 책을 정독하고 이해하는 속도가 곧 학업 능력과 정비례한다는 것을 알 수 있었어요. 독서 능력이 성적을 가늠할 수 있는 중요한 척도가 되는 것이죠. 학년이 올라갈수록 까다롭고 복잡한 내용의 책을 읽어야 하는데 독서를 싫어하는 학생들은 학습 과정에서 쉽게 낙오될 수밖에 없죠."

실제로 연구에 따르면 독서와 토론은 사고력과 논리력을 키워 줘 말을 잘하고 글을 잘 쓰는 데 효과가 크다. 우뇌는 창의력과 직관력, 좌뇌는 언어 능력과 수리력을 담당한다. 좌뇌 활동이 위축되면 논리력과 분석력이 약화되어 읽기, 쓰기, 셈하기 능력이 퇴보한다. 이렇게 좌뇌 활동에 영향을 미치는 것이 독서이므로 독서를 소홀히 할 때 오랫동안 넓고 깊게 생각할 수 있는 능력을 잃어버릴 수 있다.

고급 생물학 시간, 학생들의 독서 능력이 미치는 영향에 대해 나는 한 가지 실험을 해 보기로 했다. 학생들이 배우고 있는 생태계 주제와 관련해 《네이처Nature》지에 수록된 다섯 쪽짜리 논문을 수업 시간에 나누어 주고 그 자리에서 읽도록 한 다음 그 속도와 이해력, 평소 학습 능력의 관계를 관찰하는 것이었다.

"우리 이 논문을 읽어 보자. 내용이 길지 않고 오늘은 시간이 충분하니까 다 할 수 있을 거야. 빠르게 정독하고 다 읽으면 눈을 들어 날 보도록. 모두 읽은 게 확인되면 요약과 토론을 시작해 보도록 하자."

나는 미리 읽어 놓았지만 기억을 상기시키는 의미에서 다시 훑어보았다. 약 3분이 흐르고 나는 눈을 들었다.

4분. 리나가 눈을 들었다.

'아니 벌써 다 읽었다고? 리나가 비상한 학생인 줄은 알았지만 너무 빠른데!'

몇 초 후, 역시 평소에 눈에 띄는 학생이었던 제이슨이 눈을 들었다.

나머지 열 명이 다 읽기를 기다리기까지 10분 정도가 걸렸다. 뒤의 두세 명은 아마도 분위기 때문에 그만 읽은 것 같았다. 이 날 나는 두 가지를 다시 확인할 수 있었다. 하나는, 논문을 빨리 읽은 학생들이 이 논문을 더 잘 이해했고, 논문을 읽는 속도의 순서는 그동안 아이들이 이 수업에서 보여 줬던 학업 수준과 놀라울 정도로 정비례한다는 사실이었다. 또 하나는, 독서 능력은 모든 분야에서 공부의 초석이라는 점이다. 두 번째로 빨리 읽은 제이슨은 워낙 사고 능력이 뛰어나고 생물학에 대한 이해가 빨랐다. 그래서 "제이슨, 넌 대학에서 생물학을 전공하겠구나"라고 말을 건넨 적이 있었다. 하지만 제이슨의 대답은 달랐다. "아니에요. 저는 과학은 잘 못 하고요, 정치학에 관심이 많아요." 제이슨의 자체 평가에 의하면 생물학보다 사회학 쪽 공부를 더 잘하는 학생이었다.

나도 어린 시절 책 읽기라면 남부럽지 않은 독서광이었다. 더 정확히 말하면 책 읽는 것 말고는 할 줄 아는 것이 별로 없었다. 지금 돌이켜 보면 아주 어려서부터 만들어진 독서 습관은 미국에서 공부하는 동안에도 큰 힘이 되었다. 이민 초기, 영어를 못해도 습관적으로 영어책을 찾아 읽어 내려갔기에 영어 때문에 힘든 시간도 많이 줄일 수 있었다. 또 하버드에서의 치열한 박사 과정을 견딜 수 있었던 것도 독서를 통해 지식을 습득하는 방법을 익힌 덕분이었다.

이렇듯 내 어린 시절의 경험을 통해서, 또 필립스 엑시터에서의 경험을 통해서 독서의 가치를 누구보다도 잘 알고 있었기에 나는 학생들에게 책 읽기를 강조했다. 그리고 책을 읽더라도 학업을 위해 수업 주제와 관련된 교과는 기본이되, 자신이 좋아하는 분야만 읽지 말고 다양한 분야를 두루두루 접하도록 했다.

문학, 사회, 과학, 경제, 예술 등 새로운 분야를 접하면서 각 분야별 지식의 구조에 대해 감을 가지게 되면, 다양한 과목을 소화해야 하는 학업에 큰 도움이 되기 때문이다.

필립스 엑시터에서는 토론이 중심을 이루지만 글을 써 볼 기회도 많다. 숙제나 시험의 상당 부분이 에세이로 이루어지기 때문이다.

이러한 글쓰기 과제의 양과 빈도와 수준은 과목에 따라, 교사에 따라 다르지만 학년이 올라갈수록 분량이 많아지고 수준이 높아진다. 그러므로 필립스 엑시터는 글쓰기 능력도 강조한다.

필립스 엑시터에서 가르치기 시작한 뒤, 나는 학생들의 여러 능력에 놀랐지만 학생들의 작문 실력에 한번 더 놀라게 되었다. 이곳 아이들은 1년만 지나면 자기의 생각을 문장으로 담아내는 것에 매우 능숙해 보였다. 그 문장이 얼마나 매끄러운지 혹은 완벽한지는 나중의 문제다. 무엇보다도 자기의 생각을 글로 연결해 가는 과정에 두려움이 없다는 점이 높이 살만 했다.

필립스 엑시터에서 역사를 가르치면서 학생들의 글을 많이 보아 온 한 선생님은 글쓰기에 있어서도 하크네스의 중요성을 강조했다.

"학생들은 하크네스 수업을 통해 꾸준한 책 읽기와 말하기가 이미 생활화되어 있어요. 공부를 위한 책 읽기에서 나아가 생각을 재미있게 확장하고 그 생각을 키워 나가는 데 도움이 되는 책 읽기, 그리고 생각을 표현하는 한 방법으로서의 말하기가 습관이 되면 글을 쓰는 일도 전혀 어려운 일이 아닙니다."

물론 글을 쓰는 과정이 결코 쉽게 만들어 지는 능력은 아니다. 필립스 엑시터의 신입생 중에도 글쓰기가 서툰 학생들이 있었다. 나는 학생들이 부담스럽지 않도록 짧은 생각이라도 문장으로 표현하는 습관을 기르도록 했다.

"글을 쓴다는 건 어려운 일도 대단할 일도 아니야. 하크네스를 하면서 있었던 이야기를, 또 기숙사에서 있었던 이야기를 일기처럼 쓰는 거야. 글쓰기가 삶의 한 방식으로 이해되도록 말이지."

한편 글쓰기에 도움이 되는 생각과 마음을 키우는 방법은 좋은 학원도 새로 나온 학습지도 아니다. 글이란 결국 자신의 생각과 마음을 전달하는 하나의 방식이기 때문이다. 그러니 글을 잘 쓰려면 무엇보다도 남의 마음을 움직일 수 있는 생각의 크기, 마음의 넓이를 키워야 한다.

필립스 엑시터는 토론을 중심으로 하되, 말하기와 독서, 글쓰기가 함께 조화를 이룰 수 있도록 학생들을 교육한다.

실험과 토론으로 풀어 가는 과학 수업

많은 사람들이 토론식 수업에 공감하면서도 이런 방식은 문학이나 역사 같은 일부 과목에만 어울린다고 생각한다. 특히 수학과 물리학 같은 과학은 공식이나 이론에 따라 답이 딱 나오므로 '정답이 없을 수도 있다'라는 하크네스의 원칙이 어색하게 느껴진다는 것이다. 실제로 하크네스 수업을 도입한 다른 학교들도 수학과 과학 수업에서는 제외하고 있다.

하지만 필립스 엑시터는 모든 수업에 하크네스를 적용한다는 방침을 굳게 지키고 있다. 일부 과목에서 어려움은 있어도 장점이 더 많다는 사실을 100년에 가까운 오랜 시간 동안 경험했기 때문이다. 그래서 '정답이 없을 수도 있다'는 원칙은 과학 수업에서도 철저히 지켜진다. 이를 통해 학생들은 공식이나 이론을 암기하는 대신, 함께 질문하고 토론하면서 과학적 사고력을 키워 나간다.

사실 재직 초기에 나도 생물학 교사로서 고민이 많았다. 다른 과목의 수업을 참관해 보면 확실히 인문계 수업의 토론이 더 자유롭게 진행되고 있기 때문이었다. 그래서 나는 가끔 내 수업의 하크네스가 순수하지 못하다는 자격지심에 빠지기도 했다.

그때 베테랑 화학 교사인 핀리 선생님의 말이 많은 용기가 되었다.

언제나 실험과 토론이 중심이 되는 과학 수업.
학생들은 각자 실험을 설계하고 협력을 통해 과제를 해결해 나간다.

"하크네스에는 다양한 모습이 있다는 점을 기억해야 해요. 문학 수업에서 하크네스 토론이 제대로 진행되기까지 나름의 연습 과정이 필요하듯이 과학이나 외국어 수업의 하크네스 토론도 다른 모습의 연습 과정이 필요하죠. 난 20년이 지난 지금도 매일 '과연 내 수업이 얼마나 하크네스한가?' '어떻게 하면 하크네스의 본질에 가까워질 수 있을까?'를 고민하고 있어요. 재미있는 여행에 함께하게 된 걸 환영해요."

필립스 엑시터의 과학 과목은 대부분 첫 수업부터 학생들의 호기심을 일으키거나 열심히 생각을 해야 하는 내용으로 시작한다. 교사들은 단원을 시작하기 전, 먼저 해당 주제에 대해 학생들이 가지고 있는 선입관을 파악한다. 그리고 흥미를 유발하기 위해 일상에서 흔히 볼 수 있는 현상에 대한 질문을 던진다.

예를 들어, 화학 시간에 기체의 압력에 대해 배우기 전에 교사는 이렇게 질문한다.

"빨대를 물에 넣은 뒤 한쪽을 손가락으로 막고 빨대를 들어내면 물이 빨대에 들어 있다. 그 이유는 뭘까?"

또 생물 시간에는 이러한 질문을 던진다.

"수박씨를 먹으면 배에서 수박이 자란다는 얘기를 들어본 적 있니?"

물론 이렇게 먼저 질문을 던지는 것은 필립스 엑시터가 아닌

학교에서도 널리 사용되는 방법이다. 하지만 필립스 엑시터에서 화두를 던지는 것은 학생들에게 정답을 알려 주기 위해서가 아니다. 기말고사나 대학입시에 출제될 문제를 하나라도 더 많이, 더 빨리 입력하기 위해서가 아니다. 학생들이 스스로, 그리고 서로 협력하여 더 깊은 질문을 할 수 있도록 불을 붙이고자 하는 것이다.

과학 과목 중 화학과 물리 수업이 어떻게 진행되는지를 좀 더 자세히 살펴보자. 고급 화학 과목의 첫 수업은 학생들에게 '미스터리 원소'가 주어지면서 시작된다.

수업 첫째 날. 두 명의 학생이 조를 이룬 각 팀은 하나의 미스터리 원소의 정체를 어떻게 알아낼 것인지라는 문제에 대해 넓은 범위에서 토론한다. 그리고 기초 화학에서 배운 내용을 끌어와 어떤 실험을 해야 할지를 구체적으로 구상한다. 실험 계획이 수립되면 교사는 각 팀의 내용을 점검한다.

수업이 끝날 즈음, 교사는 학생들에게 실험 절차를 써 오도록 하면서 기초 화학에서 배운 기본 원소들의 특성을 복습해 오도록 한다.

수업 둘째 날. 학생들은 스스로 준비한 실험 절차를 토대로 실험을 시작한다. 이때 교사는 학생들의 안전을 살피고 질문에 답하는 역할을 한다. 폭파 등 사고가 일어날 위험이 없으면 교사는 학생들이 스스로 탐구하도록 놓아 둔다.

일련의 실험이 끝난 후, 교사는 학생들에게 어떤 실험을 통해 미스터리 원소를 밝혔는지에 대해 서로에게 발표하고 이 전체 과정과 결과에 대한 리포트를 쓰도록 한다.

화학 교사 오그레이디 선생님은 필립스 엑시터에서 교사 생활을 시작한 후, 뉴욕 주 공립학교에서 수 년간 화학을 가르치다 다시 필립스 엑시터로 돌아 와서 화학을 가르친 베테랑 교사이다. 오그레이디 선생님이 내게 이렇게 말한 적이 있다.

"하크네스 화학 수업은 '학생들이 주도권과 책임을 가진 수업'이에요. 여기서 교사는 학생들의 탐구와 심사숙고의 과정, 그리고 이해의 깊이를 더하기 위해 도움을 주는 거죠."

물리 수업 역시 실험을 먼저 한 뒤, 이와 관련된 정리나 이론에 대해 토론할 때가 많다. 또 간단한 기본 지식만 전달 받은 뒤 토론을 하면서 실험을 설계할 때도 있다. 이때 학생들은 무엇보다도 서로에게 의지하고 순발력을 발휘하여 답을 찾아야만 한다.

학생들이 먼저 직접 실험하는 것이 아니라 때로는 교사가 설명 없이 모범 실험을 먼저 해 보이는 방법도 있다. 이때 학생들은 교사가 어떤 실험을 하는지, 이 실험을 왜 하는지를 추측해 내야 한다. 시간을 아끼면서도, 안전하게 그리고 학생들의 주체적인 사고를 키울 수 있는 창의적인 방법 중 하나로 많이 활용되고 있다.

이렇게 필립스 엑시터의 과학 수업은 언제나 실험과 토론이

중심이었다. 과학부에 소속된 생물학 교사로서 많이 고민하기도
했지만, 그 경험을 바탕으로 나는 필립스 엑시터를 떠난 지금도
하크네스 정신을 살려 학생 중심, 협력 중심의 수업을 진행하고
있다.

07

토론 속에서
인성을 꽃피우다

토론의 기본은 배려

켄은 내가 처음 재직하면서 첫 학기에 9학년 기초 생물학을 가르친 학생이다. 워낙 똑똑하고 과학에도 관심이 많아 눈길이 갔다. 첫날 첫 수업부터 어른스런 목소리로 고급 단어를 남발해 가며 어찌나 '나는 진지하고 스마트한 학생이야'라는 표시를 내던지.

켄은 그렇게 첫날부터 그 수업에서 비공식적으로 리더 자리를 잡더니 하루가 가고 이틀이 가도록 오직 자신의 의견을 발표하는 데만 여념이 없었다. 게다가 혹시라도 누군가가 논리에 허점을 보이거나 허튼 질문을 한다 싶으면 거친 태도로 공격해 왔다. 심지어는 자기가 궁금해 하는 부분이 생기면 급우들과 함께 토론할 기회도 갖지 않고 은근히 나를 재촉했다. 몇몇 학생은 워낙 공격적인 켄에게 꼬투리라도 잡힐까 봐 적극적으로 의견을 내지 못한 채 불편해했다.

켄은 필립스 엑시터 언어로 '하크네스 워리어Harkness Warrior'라고 부르는 학생이었던 것이다. 하크네스 워리어란 하크네스를 마치 전투처럼 인식해 다른 학생들을 이기려 드는 학생을 가리키는 말이다.

'초짜' 교사였던 나는 처음에는 이 상황의 심각성을 잘 깨닫지 못했다. 그러다 켄이 결석한 어느 날 하크네스 토론이 얼마나 아름답게 흘러가던지. 나는 그 모습을 보고 한 명의 하크네스 워리어가 미치는 악영향에 대해 드디어 눈을 뜨게 되었다.

다음 날, 수업에 참석한 켄이 그 반에서 토론을 어려워하던 한 급우의 질문을 무시하는 것을 보고 나는 공식적으로 지적했다.

"무례해서는 안 되지. 과학은 여러 학자들의 의견을 존중하고 협력하면서 이루어진 것이다. 존중과 협력은 과학과 인생의 가장 기본적인 덕목이란다. 내가 하버드에서 배운 가장 값진 교훈도 바로 이러한 정신이야."

이런 깨달음은 켄뿐 아니라 학생들 모두가 배워야 하는 가치였다.

다행히도 이 일화는 해피엔딩이다. 그로부터 2년 뒤, 나는 다시 켄에게 고급 생물학을 가르치게 되었다. 그때 켄은 한 학년

위인 12학년생들과 함께 수업을 듣고 있었다. 그 학생들은 워낙 생물학에 대한 이해도 깊었고, 또 4년간 하크네스 수업에 훈련이 된 어른스러운 하크네스 전문가들이었다. 켄은 그 속에서 다른 학생들의 의견을 주의 깊게 들으며 협조적인 태도로 진지하게 수업에 임하고 있었다. 켄에게서 예전의 하크네스 워리어의 모습은 찾아볼 수 없었다. 졸업할 즈음이 되었을 때 켄은 하크네스의 장점만 남은 '진짜 어른'이 되어 있었다.

하크네스 수업은 결코 자신의 능력을 뽐내기 위해서 존재하는 것이 아니다. 존중과 배려를 통해 함께 배워 가고자 하는 데 가치가 있다. 내가 만난 최고의 하크네스 학생도 결코 자신의 지식만을 앞세우는 똑똑한 학생이 아니었다. 수업 흐름을 읽어 가는 가운데 중요한 순간에 꼭 필요한 내용을 내어 놓는 학생. 존중과 협력을 통해 함께 배움의 장을 만들어 가는 학생들이었다.

소통하며 배우다

토론할 주제에 대해 관심도 있고 아는 바도 있으나 정작 성격적인 이유로 수업에 능동적으로 참여하지 못하는 학생들이 있다. 이러한 학생들은 혼자 조용히 공부하고 깨우치는 공부 스타일 때문에 주로 듣기에만 익숙한 학생들이다. 사실 많은 한국 학생들이 이런 경우에 속한다.

　이러한 태도는 근본적으로 학생이 자라 온 사회문화적 배경에서 비롯된다. 한국에서는 '모난 돌이 정 맞는다'는 속담이 있을 정도로 부모들은 자녀들이 정해진 틀 안에서 생각하고 학습하도록 교육한다. 또 별다른 갈등 없이 조화롭게 사는 것이 가장 바람직하다고 생각한다. 그래서 조금이라도 '튀는 행동'을 하는 아이는 가정에서든 학교에서든 일탈로 간주돼 제재를 받기 쉽다.

　이는 선생님을 대하는 태도에서도 마찬가지다. '스승의 그림자를 밟지 않도록 칠 척 떨어져서 걸어야 한다'는 말처럼 선생님이 가진 지식과 경험을 무조건 우선하는 마음이 중요하다. 그래서 수업 시간에도 선생님의 이야기를 경청하고 지식을 전수 받는 것을 가장 큰 덕목으로 여긴다. 자연히 학생들은 질문하고 자신의 생각을 발표하는 데 소극적이다. 그렇다 보니 토론의 기회가 주어지더라도 누군가의 의견에 반대하거나 지적하는 의견을 내어 놓는 행동을 불편하게 느낀다.

　우리가 필립스 엑시터의 교사가 되긴 전 유학생 진학 상담을 하다 만난 한 사립학교 교사도 이 점을 우려했다. 그 선생님에 따르면 처음 유학 온 한국 학생이 수업 후 담당 과목 선생님을 찾아가는 경우는 거의 볼 수 없다. 수업 시간 외에 선생님을 찾아가는 것은 선생님의 시간을 뺏는다고 생각하기 때문이다. 또 모르는 것이 생겨도 남들은 다 아는데 나만 모르는 것이 아니냐는 고민으로 질문조차 하지 않는다. '지금 진도 나가기도 바쁜데 내가 질문하면 다른 아이들에게 방해가 되진 않을까?' '선생님께 아부하는 것처럼 보이면 어쩌지?' '내 질문에 대해 아이들이 비웃을 수 있는데' 등을 고민하느라 두 눈이 호기심으로 충만한데도 선뜻 질문하지 못하는 것이다.

필립스 엑시터에서 만난 한국 유학생 진호는 내성적인 편이라 기숙사에서도, 하크네스 수업에서도 자신의 의견을 적극적으로 내비치지 않았다. 그러던 어느 날, 나는 우연히 진호와 얘기를 나눌 기회를 갖게 되었다. 진호는 속내를 고백했다.

"어떤 날은 하크네스 수업이 견딜 수 없이 힘들어요. 늘 급우들과 열정적으로 의견을 주고받으며 만들어 가는 수업이 벅찰 때가 있어요. 필립스 엑시터라는 명문이 때때로 제게는 고문인 걸요."

반면 미국에서 나고 자란 대부분의 학생들은 대개 선생님을 따로 찾아가는 것을 어렵게 생각하지 않는다. 그들은 거침이 없다. 의문이 생기면 그 즉시 손을 들어 적극적으로 질문하고 의견을 내놓는다.

"선생님, 이해가 잘 되지 않는데 좀 더 자세히 설명해 주세요."

"저는 다르게 생각합니다. 제 생각은……."

하루는 생물 수업이 막 끝난 직후, 아이들이 썰물처럼 빠져나가는 가운데 알렉사가 다가왔다.

"지난주에 치른 중간고사 생물시험에 대해 선생님께 상담하고 싶은 게 있어요. 언제 면담을 나눌 수 있을까요?"

알렉사가 최근에 배운 〈유전〉 부분에 대해 어려워하고 있다는 것을 나도 눈치채고 있었다. 내용을 잘 이해하지 못했는지 토론 중에 기초적인 질문밖에 하지 못했고 결국 중간고사 역시 잘 치르지 못했다. 그런 알렉사를 지켜보며 나 역시 도움이 필요한 순간이라고 생각하고 있던 차였다. 그런데 시험 결과를 받게 된 날, 알렉사가 먼저 내게 면담을 요청한 것이었다. 수첩을 꺼내 서로의 수업 시간을 확인한 우리는 바로 그날 오후 세 시로 상담 시간을 정하고 이야기를 나누었다.

필립스 엑시터에서는 알렉사처럼 수업에 어려움을 느낄 때 선생님에게 면담과 도움을 요청하는 것이 아주 자연스러운 일이다. 면담의 내용은 제출한 리포트 성적을 올려 달라거나 쉬운 문제를 시험 문제로 출제해 달라거나 하는 부탁이 아니다. 그보다는 특별히 약한 부분을 어떻게 보완할 수 있는지, 풀기 힘든 문제는 어떻게 해석해서 풀어 나가야 하는지를 상의한다. 교사도 이를 기꺼이 받아들이고 학생들과 대화한다.

반대로 지나친 또는 잘못된 '서양식' 개인주의에 빠져 타인을 배려하지 않는 학생도 있다. 동양인 학생이라고 예외는 아니다. 또 아직 성숙하지 못해 하크네스 시간에 '더 자주, 더 크게' 말하면 되는 것으로 착각하는 학생들도 가끔 있다. 이것 역시 하크네스를 임하는 올바른 모습이 아니다.

　동양이든 서양이든 문화차이를 넘어, 소극적인 학생이든 적극적인 학생이든 타고난 성격 차이를 넘어 서로가 적극적으로 소통하려는 태도는 꼭 필요하다. 필립스 엑시터는 학생들이 교류와 소통의 가치를 아는 인재로 성장할 수 있도록 돕는다.

나의 부족함을 인정한다는 것

　하크네스 수업을 하려면 학생과 교사는 늘 배움 앞에서 겸손해야 한다. 하지만 이러한 태도는 학생들을 가르치는 입장인 교사에게 결코 쉽지 않다. 그래서 일부 교사는 본인이 미처 답을 알지 못하는 질문이 나오면 당황해 하거나 반기지 않는다.

　나는 2012년부터 여름마다 노스웨스턴 대학에서 운영하는 초중고 영재 학교 CTDCenter for Talent Development에서 고등학교 생물학을 가르치고 있다. 나는 열여덟 명의 학생을 대상으로 인체생물학을 가르치는 수업에서 죠라는 학생을 만난 적이 있다. 죠는 학생들 중에서도 유난히 호기심이 많고, 생각의 속도도 빨라 질문을 하면서도 바로 3초 뒤에 다음 말을 쏟아 내는 스타일의 학생이었다. 나는 학생들에게 수업 내용과 관련된 질문이라면 언제든 어떤 질문이라도 해도 좋다는 규칙을 밝혔는데 죠는 그런 규칙이 마음에 들었는지 첫날 수업부터 쉴 새 없이 질문 공세를 이어갔다.

며칠 뒤, 수업을 듣던 죠는 불현듯 떠오르는 호기심을 주체하지 못하고 '진짜 질문'을 해 왔다.

"어제 과제를 하다가 '눈물을 통해 병균을 죽이는 효소가 분비된다'는 내용을 읽었어요, 그럼 다친 데가 너무 아파서 엉엉 울고 있을 때 그 눈물을 받아서 상처에 바르면 되나요? 아니아니, 눈물을 모아서 약으로 파는 건 어떨까요?"

그동안 죠의 질문에 성실히 답해 온 나도 이 질문은 미처 예상하지 못한 차원의 것이라 당황했다. 나는 다시 질문의 바통을 죠에게 넘겼다.

"죠, 그거 정말 좋은 질문인데! 그런데 답은 나도 모르겠구나. 오늘 과제로 네가 답을 찾아와 우리에게 알려 주지 않을래?"

죠는 순간 뭔가 충격을 받은 듯한 표정을 짓더니 곧 조용해졌다. 나는 수업이 끝난 뒤, 짚이는 바가 있어 곧이어 시작된 실험 시간에 죠를 찾아갔다.

"죠, 다른 선생님들은 너한테 '모르겠다'는 대답을 한 적이 없니?"

"네. 한 번도 그렇게 솔직히 답변을 해 준 선생님이 없었어요. 아무리 선생님이라도 제가 하는 모든 질문에 답변해 줄 수 없다고는 생각해요. 그럴 경우 다른 선생님들은 다른 얘기로 돌리거나, 제가 하는 질문이 뭔지도 이해하지 못한 채 그런 건 알 필요가 없으니 수업 진도를 나가자고 하기도 했죠. 기분이 나빴어요. 그러니까 학교가 재미도 없고……."

"그랬구나. 너같이 생각이 빠른 학생들한테 있을 수 있는 일이야. 나랑 공부하는 동안은 나는 모르는 게 있으면 모른다고 얘기할 거야. 선생님이라고 해서 모든 질문에 다 답을 할 수 있는 것은 아니니까."

"선생님은 아시는 게 진짜 많은데요?"

"아니야, 나도 모르는 게 더 많아. 모른다고 인정하는 건 부끄러운 게 아니야. 그리고 죠, 선생님도 모른다고 그 질문을 포기할 필요는 없어. 네 스스로 답을 찾아볼 수 있지."

물론 나도 처음부터 학생들에게 솔직하게 "I don't know."라고 말하기란 힘들었다. 그래서 학생들의 질문에 최고의 답을 주기 위해 적잖이 스트레스를 받기도 했다.

이런 나를 달라지게 한 것은 하크네스였다. 하크네스 수업을 통해 무엇보다 중요한 것은 교사인 나도 모를 수 있다는 점을 인정하고 학생과 함께 답을 찾아가겠다는 마음가짐이라는 것을 깨달을 수 있었다.

필립스 엑시터에서는 학기 중간에 학생들이 하크네스 수업을 평가하는 METIC_{Mid-Term Evaluation to Improve Class}라는 과정이 있다. METIC는 모든 수업에 적용되는데 선생님이 하크네스 수업을 잘 이끌고 있는지, 과제의 양은 적당한지, 우리가 제대로 토론을 하고 있는지, 토론을 발전시키기 위해서는 어떻게 해야 할지 등과 관련해 학생들이 하크네스수업에 대해 종합적으로 평가한다.

나는 고급 생물학을 처음 가르치던 수업에서 꽤 스트레스를 받고 있었다. 수업의 수준이 고등학교 과정답지 않게 높은 데다가 나는 아직 하크네스가 완전히 익숙하지 않은 상태여서 '하크네스 베테랑'인 11학년, 12학년생을 가르치는 것이 부담이 되었다. 이 수업에 대한 METIC가 끝난 뒤, 학생들은 내게 의미심장한 한마디를 건넸다.

"선생님, 모든 질문에 대해 그 자리에서 답하려고 너무 고생하지 마세요."

"우리는 선생님이 모든 답을 다 알고 있으리라 기대하지 않아요. 다음 시간에 다시 얘기하자고 해도 괜찮아요."

짧은 말이었지만 이 말은 내 뇌리에 깊숙이 남았다. 그리고 하크네스 수업에서는 물론이고 모든 면에서 완벽하고자 노력하면서 살아 온 나를 자유롭게 해 주는 소중한 한마디가 되었다.

배움 앞에서 학생과 교사는 완성형이 아니라 꾸준히 노력해야 하는 존재이다. 필립스 엑시터에서 나는 학생들과 동등하게 하크네스 테이블에 앉아 질문하고 토론하면서 이 점을 깨달았다. 스스로의 부족함을 인정하고 배움이라는 큰 목표를 향해 서로가 함께 나아가는 것이 중요하다.

노력으로 성장하는 아이들

예일에서 심리학 박사 학위를 받고 스탠포드대 교수로 재직 중인 캐롤 드웩 교수는 지능과 동기부여에 대한 연구를 통해 '성장 마인드 셋' 학설을 발표했다. 이 학설은 드웩 교수가 초등학교 6학년 시절, 아이큐를 과하게 신봉하는 담임 선생님과 1년을 공부하면서 느낀 것을 토대로 '지능이란 타고 나는 것'이라는 믿음이 학생들에게 미치는 나쁜 영향에 대해 말해 주고 있다.

드웩 교수가 초등학교 시절, 선생님은 학생들의 자리를 아이큐 순으로 배정했다. 그리고 시험 결과가 나올 때 학생들의 자리를 성적순으로 다시 배정하곤 했는데, 성적이 우수한 학생일수록 앞자리에 앉았다. 그러자 캐롤 드웩처럼 1등인 학생은 점점 더 자기가 기대만큼 똑똑하지 않다는 사실이 밝혀질까 두려워했고, 뒷자리에 앉은 학생은 자기가 원래 멍청하며 앞으로도 항상 멍청할 것이라는 생각을 하게 되었다.

드웩은 이러한 점에 착안하여 연구를 시작해 각 개인의 지능에 대한 자기이론 또는 마인드 셋이 학습 동기에 커다란 영향을 미친다는 점을 발견했다. 즉, '지능은 고정되었어 있다'고 생각하는 '고착 마인드 셋'을 가진 학생들은 자신이 얼마나 똑똑한지에 신경을 많이 써, 자신이 잘 할 수 있는 과제만 하려고 했다. 또 실수를 저질러 똑똑하지 않게 보여질 것 같은 과제를 기피했다. 반

면에 '지능은 성장한다'고 생각하는 '성장 마인드 셋'을 가진 학생들은 새로운 분야에 도전하고 싶어 했으며 처음에 실패하더라도 어려운 문제를 시도하고 싶어 했다.

필립스 엑시터의 학생들은 대부분 자라면서 '학업 성적이 뛰어나다'거나 '지능이 뛰어나다'는 평을 들어왔다. 그런데 필립스 엑시터에 입학한 뒤, 세계에서 모인 우수한 학생들과 경쟁하다 보면 '나는 똑똑하다'는 정체성이 위기를 맞게 된다. 이때 필립스 엑시터의 교사들은 학생들이 "그래, 사실 나는 가짜였어"라고 무너지지 않고 "와, 이런 세상이 있구나. 이 친구들과 함께 더 성장하고 싶어!"라고 적극적으로 뛰어들어 위기를 극복할 수 있도록 지도한다.

또한 2007년에 발표한 드웩의 연구 보고서에 의하면, 학생들에게 '지능이란 근육처럼 사용을 하면 할수록 더욱 발달하고 강해지는 것이다'라고 가르쳤더니 학생들의 수업 태도와 성취도가 놀랍게 발전했다고 한다.

필립스 엑시터의 교사들은 이 점을 활용해 학생들에게 동기를 부여할 수 있는데 그 방법 중 하나로 칭찬을 들 수 있다. 하지만 단순히 '똑똑하다'는 칭찬은 오히려 역효과를 낳을 수 있다. 그래서 교사는 학생의 선천적인 지능을 칭찬하는 것이 아니라 노력을 칭찬하고 구체적인 성과를 칭찬하도록 한다. 즉, 하크네스 수업을 통해 학생들에게 '똑똑하다' 또는 '멍청하다'고 딱지를 붙이는 것이 아니라 '연습하고 노력할수록 더 똑똑해 진다'는 점을 가르치려고 한다. 이를 통해 학생들은 노력을 통해 성장한다는 가치를 배울 수 있다.

Part 03

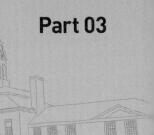

감성과 체력의
조 화 가
인 성 을
만 든 다

필립스 엑시터는 지성만을 갖춘 인재를 원하지 않는다. 학생들은 감성을 키우는 예술 수업으로 정서를 가다듬고, 자신을 단련하는 체육 수업으로 건강한 신체로 거듭난다. 이를 통해 재능에 몰입하여 지성, 감성, 체력이 조화를 이룬 전인적 인간으로 성장한다.

08

감성을 키우는
예술 수업

예술은 선택이 아닌 필수

매년 1월 셋째 주 월요일은 '마틴 루터 킹 목사의 날'. 이때가 되면 미국 전역에서 퍼레이드나 콘서트 등 다채로운 기념행사가 열린다. 필립스 엑시터도 예외일 수 없다. 이날 학교에서는 댄스 콘서트가 열린다.

이 댄스 콘서트에 처음 갔을 때, 나는 학생들의 열정과 실력에 신선한 충격을 받았다. 평소 악기 연주 실력이 남다르고 클래식 음악에만 몰입하는 줄 알았던 학생이 브레이크 댄스 그룹에서 춤을 추고 있는 것이 아닌가? 또 공부에만 관심이 있는 줄 알았던 학생이 이제 보니 최신 유행 힙합에 맞추어 춤을 추고 있는 것이 아닌가? 장난기 가득한 얼굴에 진지한 거라면 질색할 것 같

예술 전문 학교의 학생 못지않게 수준급 실력으로 현대무용을 선보이는 학생들

던 학생이 우아하게 고전 발레를 선보이는 것이 아닌가? 학생들에 대한 나의 선입관이 완전히 무너지는 순간이었다.

이렇게 필립스 엑시터 학생들이 음악을 비롯한 춤, 미술, 연기 등의 분야에서 활발히 활동할 수 있는 것은 학교가 학생들의 예술 수업을 적극적으로 지원하기 때문이다.

장 선생은 한국에서 고교 시절에 자율학습(사실은 강제다!)에 붙잡혀 음악 레슨이나 작곡 등에 몰두할 수 있는 시간을 많이 뺏겼다. 학교에서 예술 관련 과목은 사실상 뒷전이었다. 이는 필립스 엑시터에서는 상상도 할 수 없는 일이다.

필립스 엑시터에서 예술 과목은 음악, 미술, 연기의 세 과목으로 구성되어 있고 각 과목은 일정한 커리큘럼으로 운영된다. 학생들은 졸업을 하기 위해 이 세 과목 중 적어도 두 과목에서 정해진 학점을 따야 한다. 예술에 관심이 많은 학생은 이수 학점을 채우고도 더 많은 수업을 들을 수 있다.

장 선생이 필립스 엑시터에서 음악을 가르쳤던 만큼 음악 수업을 중심으로 살펴보자. 음악 과목은 세 개의 오케스트라를 비롯해 세 개의 합창단과 관악밴드, 재즈밴드, 타악기 앙상블, 아프리칸 드럼 앙상블, 실내악 연주 팀들이 있다. 작곡, 트럼펫, 기타, 백파이프, 하프, 오르간 등 30개가 넘는 악기 레슨이 개설되어 있으며 음악이론, 음악사 등의 이론 수업도 선택해 들을 수 있다. 앙상블, 실내악 등으로 나뉜 수업도 있다. 이러한 정규 수업 외에도 학생들은 작곡 클럽, 그룹사운드, 아카펠라 그룹에서 활동할 수 있는데 그 그룹은 손에 다 꼽지도 못할 만큼 수도 많고 다양하다.

새 학기가 시작되는 9월 초에는 악기 연주 앙상블 수업을 듣기 위한 학생들의 오디션이 장장 나흘 동안 진행된다. 신입생이든 새 학생이든 오케스트라, 밴드, 실내악 등의 앙상블에서 연주하기를 원하는 학생들은 해마다 이 오디션을 거쳐야 한다. 각 앙상블은 매년 학생의 실력과 경험에 따라 새롭게 편성되지만, 워낙 종류가 다양하다 보니 앙상블에 배치되지 못하는 학생은 거의 없다.

이러한 커리큘럼 아래서 필립스 엑시터는 단 한 명 학생의 예술 수업을 위해서도 적극적인 지원을 아끼지 않는다. 정규 과목이 개설돼 있지 않더라도 학생이 특별한 분야에 재능을 보이거나 그것을 계속 배우고자 한다면 이를 새로운 과목으로 개설하고 외부에서 강사를 영입한다.

몇 년 전, 중국에서 제니라는 학생이 필립스 엑시터에 지원해왔다. 제니는 '구쟁'이라는 중국 가야금을 수준급으로 연주했는데 구쟁 공부를 계속 하고 싶다는 뜻을 비쳤다. 제니는 연주 실력뿐 아니라 다른 부분에서도 출중한 학생이었기에 필립스 엑시터에 입학할 수 있었고, 학교는 제니 한 명을 위해 보스턴에서 구쟁 연주자를 강사로 초빙했다.

개설된 수업 외의 다른 부분을 공부해 학점을 이수하고자 할 경우 필립스 엑시터에서는 심사를 거쳐 개별 수업을 허락한다. 피아노 연주 실력이 뛰어났던 스티븐은 피아노 콘체르토를 분석하고 싶다는 계획서를 제출했다. 학교는 이를 심사를 통해 받아들였고 장 선생은 한 학기 동안 스티븐을 일대일로 지도해 주었다. 스티븐의 음악적 기량은 한 층 더 성숙해 질 수 있었다.

필립스 엑시터에서 학생들이 음악 과목을 포함한 예술 수업에 임하는 목적은 크게 두 가지로 볼 수 있다.

하나는, 장차 대학에서 예술을 전공할 목적으로 예술 전공자와 다를 바 없이 진지하게 수업을 듣는 경우이다. 이러한 학생들은 매년 지역 및 전국 규모의 음악 또는 미술 대회에 참가해 수상하

하크네스 방식으로 둘러 앉아 진행하는 미술 수업

면서 예술전문학교에서나 볼 수 있는 탁월한 기량을 뽐낸다.

2000년에 미국 아카데미시상식에서 미술상을 수상한 음악가이자 영화인인 릭 하인리츠도 1972년에 필립스 엑시터를 졸업한 인물이다. 이외에도 장 선생이 지도한 학생들 중에는 미국과 영국의 명문대학 작곡과에 진학한 학생들이 있다. 필립스 엑시터가 예술학교가 아니므로 이 분야에서 그저 그런 수준일 것이라고 예상한다면 큰 오산이다.

다른 하나는, 예술을 전공하려는 것은 아니지만 적극적인 활동을 통해 인성을 기르고 정서적 균형을 만들어 가는 경우이다. 예술은 감정이입을 통해 정서를 발달시킬 수 있는 과목이다. 그러므로 학생들은 예술 수업을 통해 느끼고 생각하고 행동하는 방식이 차츰 변화될 수 있으며 창의력은 물론이고 대인 관계도 발전할 수 있다.

메리는 음악을 전공으로 삼으려는 것이 아님에도 음악 수업에 열성이 대단한 학생이었다. 메리는 예술 수업의 중요성에 대해 이렇게 설명했다.

"곡 하나를 완성하는 데는 노력과 시간이 많이 필요해요. 하지만 저는 이 시간을 통해서 학업에서 오는 스트레스도 풀고, 예술적 소양을 쌓을 수 있어서 더없이 좋아요."

오케스트라 초연 프로젝트

2007년 우리가 막 필립스 엑시터에 부임했을 때다. 장 선생은 작곡에 관심 있는 학생들이 새로운 도전을 경험할 수 있도록 학생들과 함께 오케스트라 초연 프로젝트와 작곡 리사이틀 프로젝트를 진행하기로 했다.

오케스트라 초연 프로젝트는 학생들에게 오케스트라 곡을 작곡하도록 한 뒤, 그중 선별하여 장 선생이 지휘를 맡았던 엑시터 심포니아가 봄 학기 정기 연주회에서 초연하는 형태였다.

우리가 필립스 엑시터에 재직했던 4년 동안 총 열한 명의 학생들이 작곡한 오케스트라 작품이 무대에서 초연되었다. 이 학생들은 모두 작곡 레슨을 받긴 했지만, 이 중 두 명만 음대 작곡과로 진학하기를 희망했고 나머지는 취미로 작곡을 공부하고 있는 상태였다. 그렇다 보니 아마추어 고등학생들이 오케스트라 곡을 직접 작곡하는 것만도 야심찬 일인데, 연주까지 해야 하니 결코 그 과정이 만만치 않았다. 학생들은 곡을 쓰기 시작하면서 반신반의했다.

"우리가 과연 오케스트라 곡을 완성할 수 있을까?"

하지만 학생들은 차츰 각 악기별 역할을 이해하기 시작했고 곡 전체를 컨트롤하는 방법들을 배워 갔다.

"여기서 첼로가 더 묵직하게 소리를 내고, 그다음 바이올린이 좀 더 섬세하게 이어지도록 해야겠어."

시간이 흐를수록 학생들은 자신감을 얻어 마침내는 곡을 완성했다. 음악을 통한 또 하나의 도전이 하나의 감격으로 열매를 맺는 순간이었다.

"머릿속으로만 생각하던 소리가 이렇게 연주로 완성되다니!"

우리는 자신의 곡이 연주되었을 때 감격에 차 기뻐하던 학생들의 모습을 아직도 잊을 수 없다.

작곡 리사이틀의 경우 작곡에 관심 있는 학생들이 소규모 실내 악곡을 발표하는 무대이다. 학생들은 꾸준히 곡을 써야 하고 악기를 다루는 학생 중 적당한 연주자를 찾아 리허설과 최종 작품 발표를 함께 해야 한다. 작곡가와 연주자로 만난 학생들은 곡을 완성해 가면서 서로의 음악적 세계에 대한 이해를 넓혀 나간다. 그래서 작곡 리사이틀은 작곡 자체도 중요하지만, 연주를 준비하는 모든 과정이 또 다른 배움의 계기가 된다.

대학에서 음악을 전공할 계획은 아니었지만 음악적 재능이 뛰어났던 로니는 작곡 리사이틀 후 무척이나 뿌듯해했다.

"작곡 리사이틀 과정에 참여하는 동안 급우들과 감정을 나누고 서로 협력해 가면서 새로운 배움을 경험하게 되었어요."

오케스트라 초연 프로젝트와 작곡 리사이틀은 필립스 엑시터의 핵심 수업법이라 할 수 있는 하크네스와도 잘 부합한다. 특히 작곡은 교사가 가르친다기보다는 학생들 스스로가 자신이 가지

지도교사인 장재혁 선생이 함께한 오케스트라 초연 프로젝트

매년 겨울 학기면 열리는 콘체르토 컴페티션에서 최종 우승자의 연주회

고 있는 음악적 소질을 계발하는 부분이 크다. 그래서 학생이 주체가 되고 교사가 조력자가 되는 하크네스와 닮아 있다.

해마다 겨울 학기면 콘체르토 컴페티션이 열린다. 봄 학기 콘체르토 연주에서 협연하고자 하는 학생들 중 악기를 다룰 줄 아는 학생이라면 누구나 응모할 수 있다. 학교에서는 외부 심사위원을 초빙하여 악기 종류를 구별하지 않고 최고 성적을 받는 한 명을 선정한다. 이때 최종 선정된 학생은 심포니 오케스트라와 봄 학기 정기 연주회에서 협연의 기회를 갖는다.

우리가 재직했던 4년간 모두 한국 학생이 협연의 기회를 가졌다. 바이올리니스트, 오보이스트 그리고 두 명의 피아니스트가 협연했는데 열심히 노력해 성취를 이루는 학생들을 보며 대견하고 자랑스러웠다. 게다가 오케스트라의 악장들도 대부분 한인 학생들이 맡아 오고 있는 것도 뿌듯한 일이었다.

이렇게 오케스트라 초연 프로젝트, 작곡 리사이틀, 콘체르토 컴페티션 외에도 필립스 엑시터는 예술에 특별한 열정과 재능이 있는 학생들을 위해서 다양한 기회를 제공한다. 학생들은 해마다 오케스트라와 협연할 수 있는 협주곡 연주의 기회도 가질 수 있으며 몇 개의 주가 연합하여 주최하는 음악캠프에도 참가할 수 있다. 또 학생음악회를 통해서 자신의 기량을 선보이는 기회도 가진다.

필립스 엑시터에서 학생들을 지켜보면서 한 가지 더 느낀 점

학생들은 악기 연주와 연기 등 다양한 예체능 활동으로 감성을 키우고
필립스 엑시터는 이러한 학생을 위해서 지원을 아끼지 않는다.

이 있었다. 바로 예술에 열정을 뿜어내는 학생들이 대부분 학과목에서도 좋은 결과를 보여 준다는 것이다. 한국에서는 어릴 때 예술을 가르치더라도 학년이 올라가면 이것이 학업에 방해가 될까 봐 그만두게 한다. 하지만 필립스 엑시터의 예술 수업을 통해 한 가지에만 갇혀 있지 않고 다양한 분야에서 열정을 드러내는 것이 오히려 학과 공부에도 도움이 된다는 점을 알 수 있다.

09

자신을 단련하는
체육 수업

달리는 아이들

이른 아침 일어나자마자 기숙사 방의 커튼을 열면 제일 먼저 눈에 들어오는 풍경은 녹음이 짙은 학교의 정원이다. 그리고 또 하나 놓칠 수 없는 광경이 바로 저 멀리서 조깅이나 운동을 하고 있는 학생들의 모습이다.

보딩스쿨의 교육은 단지 교실만이 아니라 기숙사, 그리고 운동장까지 세 곳에서 이루어진다고 해도 과언이 아니다. 그런 만큼 필립스 엑시터 학생들에게도 스포츠가 차지하는 비중은 크다.

필립스 엑시터의 학생들은 총 4년에 걸쳐 1년에 3학기씩, 총 12학기의 재학 기간 중 최소 10학기 동안 체육 과목을 수강하거나 또는 학교 대표 스포츠 팀에 참여해야 한다. 학교의 규모가 큰

동부 학교의 특징이라 할 수 있는 조정 스포츠와 이를 즐기는 학생들

만큼 스포츠 종목도 다양한데, 기본적인 미식축구, 축구, 야구, 하키, 크리켓 외에도 조정과 라크로스, 그리고 흔하지 않은 여성 아이스하키까지 모두 포함하고 있다. 특히 조정과 라크로스는 동부에 위치한 명문대와 명문고의 공통적 특징이기도 하다.

학생들은 각자의 취미와 재능에 따라 활발히 참여하는데 학기별, 수준별 그리고 남학생, 여학생별로 총 55개의 팀이 있다. 학생들은 이러한 체육 수업을 통해 리더십, 자신감, 규칙 준수, 다른 이에 대한 헌신을 배워 가며 건강한 몸과 마음이 균형을 이루는 조화로운 삶을 배우게 된다.

중고등학교를 한국에서 다닌 장 선생의 학창 시절을 돌이켜 보면 축구부, 유도부 등에 소속되어 운동을 계속할 학생을 제외하면 대부분은 얼마 되지 않는 체육 시간을 통해서만 운동을 할 수 있었다. 게다가 입시가 가까워지면 그나마 있던 체육 시간도 보충수업으로 대체되는 경우가 허다했고 학교에서도 섣불리 운동을 시켰다가는 학부모의 원성을 사기 일쑤였다. 그렇다 보니 한창 에너지가 발산되어야 할 시기에 학생들은 교실에만 꽁꽁 묶인 채 학업에만 시달려야 했다. 이는 스포츠를 교육의 중요한 수단으로 여기는 필립스 엑시터에서는 절대 통하지 않는 것이다.

자라면서 체육 시간이 제일 싫었던 내가 만약 필립스 엑시터에 학생으로 왔더라면 고생 꽤나 했을 것 같다. 필립스 엑시터에도 나와 같은 학생들이 있다. 전체 12학기 중 10학기 동안 정기적으로 운동을 해야 하다 보니 운동에 소질이 없거나 이러한 체육 수업에 적응이 안 된 학생들은 힘들 수 있다.

죠앤은 대도시의 열악한 학군에서 자랐다. 제대로 된 체육 시설도 없었고 스포츠 교육도 받지 못했기 때문에 9학년 첫 1년 동안에는 체육 필수 과목을 참 부담스러워 했다.

"라크로스라는 스포츠가 있다는 것을 필립스 엑시터에 와서 처음 알았어요. 지금껏 본 적도 없는 스포츠를 배우는 게 익숙하지도 않고, 체력도 많이 소모돼 체육 시간이 끝나면 피곤이 몰려와요."

죠앤은 체육 시간이면 그동안 생활했던 학교와 다른 환경에 문화적인 이질감도 느꼈고 처음에는 피곤해서 제대로 공부도 하지 못했다. 하지만 10학년부터는 달리기에 취미를 붙이더니 어느 사이에 훨씬 활기차게 학교생활을 하기 시작했다. 이렇듯 처음에는 체육에 익숙하지 않던 학생들이라도 죠앤처럼 적응 기간이 지나고 나면 훨씬 건강한 몸과 생활 습관을 가지게 되곤 했다.

건강한 신체를 유지하는 것은 정신 건강에도 긍정적인 영향을 끼치지만 학습 능력도 증가시킨다. 체력이 뒷받침되지 않고서는 꾸준히 좋은 성적을 유지할 수 없다. 학생들은 체육 활동을 통해 학업에 대한 스트레스도 풀 수 있기 때문이다.

한국에서 온 유학생으로 학교대표 스포츠 팀에 선발되었던 명훈이는 언제나 건강한 에너지가 느껴지는 학생이었다.

"일주일에 6일을 연습하거나 경기에 참여해야 하기 때문에 체력이 많이 필요하고 시간도 많이 투자해야 하죠. 하지만 급우들과 함께 운동하면서 많은 걸 느끼며 다시 학업에 집중할 수 있는 힘을 얻고 있어요."

이렇게 다쳐진 체력과 정서를 바탕으로 필립스 엑시터의 학생들은 많은 양의 공부와 다양한 활동을 소화해 낼 수 있는 것이 아닐까.

엑시터 vs 앤도버

학기 말이면 학교는 축제 분위기로 들뜨게 된다. 바로 1878년부터 시작된 필립스 엑시터와 자매이자 라이벌 학교인 필립스 아카데미 앤도버와의 전통 깊은 미식축구 경기 때문이다.

엑시터에 부임하고 첫 가을 학기를 맞았을 때, 나는 엑시터와 앤도버 학생들의 열띤 응원전을 보고 입을 다물지 못했다. 양쪽 학교의 재학생과 교사, 졸업생은 물론이고 나이 지긋한 동문과 그 가족까지도 한자리에 모였다. 한눈에 보기에도 얼마나 대단한 경기인지 짐작이 되었다.

한껏 긴장한 마이크가 내게 이 라이벌 전에 대해 열심히 설명해 주었다.

"엑시터와 앤도버의 미식축구 경기는 무엇보다도 두 학교의 자존심을 건 라이벌 전이라고 할 수 있어요. 다른 학교와의 경기를 모두 지더라도 이 경기에서만 이기면 된다고 할 정도로 중요하게 여겨요."

두 학교간의 정기 미식축구 전은 하버드와 예일의 정기전보다도 자주 펼쳐지는데 학생들은 행여나 질세라 경기마다 열정을 다해 즐긴다. 필립스 엑시터에 재직하면서 우리는 이 경기가 한국의 '연-고전'이나 '하버드-예일 미식축구' 경기에 버금가는 매우 인기 있는 라이벌 경기라는 것을 실감했다.

필립스 엑시터에서는 이렇게 스포츠가 교육의 일환이자 축제의 한 부분으로 자리잡고 있는 만큼 운동을 잘하는 것은 강점이 된다. 그래서 공부는 물론이고 스포츠에서도 두각을 드러내는 학생들을 자주 볼 수 있다. 평소 공부도 잘하고 수업 태도가 좋은 아이들을 볼 때, 저 학생은 공부가 특기이겠거니 생각했다가 학교 스포츠 대표팀 소속인 경우를 보고 놀랐던 적도 있었다. 즉 필립스 엑시터에서 우등생은 공부만 잘 하는 학생이 아니라 운동까지 만능인 학생이다. 학업 실력을 아예 무시하고 '운동'에만 치우치는 것도 바람직하지는 않겠지만 한두 가지 스포츠에 오랜 경력이 있거나 이를 즐길 줄 알면 필립스 엑시터에서의 생활은 더욱 즐거워 질 수 있다.

털털하고 순진한 여학생 매기는 야무지게 자기 관리에 철저한 다른 여학생들보다 유독 마음이 가는 학생이었다. 교실에서도 기숙사에서도 쭉 지켜봤을 때 매기는 학업 스타일도 수더분한 것이, 반짝 튀는 스타일은 아니었다. 그런 매기는 운동을 좋아하고 잘해서 신입생 때부터 학교 대표로 필드하키를 했는데, 다

1878년부터 시작된 엑시터와 앤도버의 미식축구 경기. 미국에서도 이름난 라이벌 경기이다.

음 해 봄 학기에 경험 삼아 해 본 조정에 완전히 매료되었다.

"선생님, 조정을 타면 피곤하고 무겁던 느낌이 사라지고 오히려 더 잘 타고 싶다는 승부욕이 생겨요. 조금씩 실력이 느는 것을 보면서 제가 목표에 다가가고 있다고 느껴지면 성취감은 정말 말로 다 못하죠."

여름에 조정 캠프를 다녀 온 매기는 '조정만이 나의 사랑'이 되어 기숙사 벽을 조정 포스터로 가득 메우고, 배를 탈 수 없는 겨울 학기에는 운동 기구를 사용해 맹연습했다. 조정을 위해 체력을 기른 덕인지, 좋아하는 취미로 스트레스를 덜어서인지, 매기는 졸업반을 앞두고 공부 할 양이 많은 11학년을 무난히 잘 해 냈다. 그리고 봄 학기에 마침내 학교 대표 조정 팀에서 활동하게 되었는데 이때 예일 조정팀 코치의 눈에 띄어 예일에 조기 합격하게 되었다. 매기는 지금 예일에서 '엑시터보다 쉬워요'라며 즐거운 대학 생활을 보내고 있다. 여전히 예일의 조정 팀에서 활약하면서.

자라나는 청소년들이 살아 갈 미래는 결코 성적표만으로는 올바르게 변화될 수 없다. 바른 인생관과 체력, 자신이 좋아하는 분야에 대한 열정이 건강하게 균형을 이루어야 한다. 이것이 필립스 엑시터가 학생들이 예술과 체육에서도 다양한 활동을 할 수 있도록 뒷받침하는 이유다.

Part 04

생활 속에서
인 성 을
만 든 다

보딩스쿨의 꽃, 기숙사에서 학생들은 공동체 정신을 바탕으로 타인과 살아가는 법을 배우고 자신을 관리하는 힘도 기른다. 이를 통해 학생들은 훗날 더 큰 자유의 바다를 만났을 때 두려움 없이 맘껏 헤엄칠 수 있다. 더불어 타인을 돕는 봉사활동과 다채로운 교류활동으로 세상과 호흡한다.

자유와 책임의 공간, 기숙사

기숙사에 담긴 공동체 정신

대학 졸업 후, 나는 하버드 의학대학원으로 진학하게 되었다. 그리고 의대캠퍼스 내에 있는 기숙사에서 세계 곳곳에서 온 친구들을 만났다. 우리는 힘든 연구가 끝난 뒤, 기숙사에 모여 연구에 대해, 그리고 개인적인 고민에 대해 교감을 나누며 우정을 쌓아 갔다. 필립스 엑시터에 재직하고 난 뒤, 나는 내가 생활했던 하버드 기숙사가 바로 에드워드 하크네스의 철학이 담긴 곳이라는 것을 알게 되었다.

에드워드 하크네스는 필립스 엑시터에 거액을 기부하기 전 이미 하버드와 예일에 수차례 기부했다. 그리고 하버드에 기부하기 전, 하크네스는 먼저 자신의 모교인 예일에 기부해 새로운 기숙사 시스템을 도입하고자 했다. 예일의 규모가 커지면서 학생들이 교수와의 접촉도, 동료들과의 친밀감도 가지기 힘든 상황이 안타까웠기 때문이다. 하지만 당시 예일은 하크네스가 학교에 기숙사 시스템을 도입하는 것을 전제로 기부하려 하자 이를 반대했다고 한다. 그래서 하크네스는 하버드에 비슷한 아이디어로 기부를 제안했고 하버드가 이를 받아들이자 뒤늦게 예일이 후회하면서 하크네스에게 기부를 요청했다. 예일도 하크네스의 기부로 기숙사 시스템을 갖출 수 있었다.

세월이 흐른 뒤, 지금의 하버드 졸업생이나 예일 졸업생이 우연한 자리에서 만나게 되면 처음으로 건네는 질문이 있다. 하버드생들은 "어느 하우스 출신입니까?"라고 묻고, 예일생들은 "어느 컬리지 출신입니까?"라고 묻는 것이다. 에드워드 하크네스가 원했던 것처럼 기숙사는 이제 학생들에게 정체성의 큰 부분으로 남게 되었다.

에드워드 하크네스는 필립스 엑시터를 비롯해 하버드와 예일에 왜 기숙사 공동체를 강화하려 했을까?

하크네스는 교육의 혁명을 이루기 위해서는 무엇보다도 학생들의 학교 공동체에 대한 소속감이 높아져야 한다고 믿었다. 교육은 결코 교실 안에서 배우는 것만으로 이루어지는 것이 아니라 생활과 삶을 통해 전인격적으로 이루어질 때 가능하다고 판단했기 때문이다.

그래서 하크네스는 학생이 학교 내에서 교사 및 교우들과 더욱 돈독해질 수 있는 방법을 찾고자 고민했다. 그래서 학생들이 하나라는 강한 소속감을 바탕으로 공동체 정신을 꽃피울 수 있도록 '대학 내의 대학', 즉 '대학 안의 기숙사 공동체'를 설립하기를 꿈꿨다. 더불어 이러한 공동체 정신을 바탕으로 하는 교육적 성취는 결코 대학에 한정되는 한 단계에서만 이루어질 수 없다고 생각했다. 그래서 대학은 물론 대학 고등학교에서 함께 이루어져야 한다고 믿었다. 그의 이러한 철학은 오늘날 필립스 엑시터가 기숙사 학교로 거듭나는 발판을 마련했다.

어린 시절, 누구나 한 번쯤은 기숙사 생활을 꿈꿔 봤을 것이다. 우리도 초등학생 시절에는 늦잠을 자도 지각을 하지 않을 것 같아서, 중고등학교 시절에는 친구들과 늦도록 속닥거리며 놀 수 있을 것 같아 기숙사를 꿈꿔 보았다. 하지만 남편도 나도 중고등학교 때는 기숙사 학교와는 인연 없이 각자 한국과 미국에서 공립학교를 졸업했다.

필립스 엑시터에서 처음으로 기숙사 건물을 보았을 때, 나는 저절로 감탄이 나왔다.

'와, 정말 오래된 건물이구나!'

필립스 엑시터의 모든 시설은 전통을 토대로 하되 현대가 어우러져 있는데 유독 기숙사 건물은 설립 당시의 모습을 그대로

800명 이상의 학생과 어드바이저 교사가 생활하는 기숙사는
설립 당시의 모습을 간직한 채 고풍스런 분위기를 자랑한다.

유지하고 있었다. 나는 이 점이 궁금하던 차에 오랫동안 이 학교
에 재직 중인 교직원분에게 이유를 물었고 재미있는 대답을 들
을 수 있었다.

"엑시터의 졸업생들은 여러 방면으로 학교에 기여를 많이 하
죠. 그런데 졸업생들은 그들이 졸업한 후에도 기숙사가 본인들
이 기억하는 몇십 년 전 모습 그대로 남아 주기를 바라는 마음에
서 기부를 꺼려요. 그래서 기숙사 건물을 현대적으로 바꾸는 게

더욱 느려지게 되었죠."

기숙사에 대한 졸업생들의 애정을 엿볼 수 있는 대답이었다.

기숙사 생활을 '보딩스쿨의 꽃'이라고 말하는 이들도 많다. 물론 보딩스쿨이라 해서 모든 학생이 기숙사 생활을 하는 건 아니고 집에서 통학하는 학생 숫자도 적잖은 편이다. 기숙학생과 통학 학생의 비율은 학교마다 차이가 있는데 필립스 엑시터의 경우 전체 약 1100여 명 중 약 80퍼센트인 880여 명이 기숙사 생활을 하고 있다. 학생들 각자의 상황에 따라 예외가 있겠지만 어쨌든 기숙 학생이 많다는 것은 그만큼 기숙사 생활이 학교생활에 긍정적인 영향을 미친다는 뜻일 것이다.

필립스 엑시터의 기숙사는 기본적으로 남녀 기숙사가 따로 있다. 그리고 지을 때부터 기숙사 용도로 만들어 규모가 큰 기숙사와 캠퍼스 주위의 주택을 매입하여 기숙사로 사용하게 된 비교적 규모가 작은 기숙사로 나뉜다.

큰 기숙사에는 모든 학년이 배치되어 오십 명에서 육십 명의 학생들이 생활하고, 작은 기숙사에는 주로 고학년 위주로 열 명

내외의 학생들이 묵는다. 작은 기숙사는 원래 큰 기숙사에서 생활하다가 10학년이 되어 이곳으로 옮기기를 원하는 학생이나 10학년 이후에 필립스 엑시터에 새로이 입학한 학생들이 주로 사용한다.

학생들 대부분은 처음 배정된 기숙사에서 졸업할 때까지 머무르게 되지만 적당한 사유가 있을 때는 다른 기숙사로 옮기는 것도 가능하다. 학생들은 원할 경우 신입생 때부터 1인 1실을 사용할 수 있지만 특별히 신청하지 않는 한 처음에는 룸메이트와 함께 2인 1실을 사용하게 되며 10학년 이후부터는 대부분 1인 1실에서 생활하게 된다.

보딩스쿨 기숙사의 가장 큰 특징 중 하나는 바로 대부분의 경우 교사들이 기숙사에 거주하거나 근무하는 것이 의무로 정해져 있다는 점이다. 필립스 엑시터도 마찬가지로, 기숙사에서 거주하는 교사들은 교사 전용 아파트에서 생활한다. 대략 학생 열 명당 한 명의 교사가 함께 거주하는데, 큰 기숙사에는 2~4세대 아파트가 딸려 있어 두 명에서 네 명의 교사가, 작은 기숙사에는 한 명의 교사가 가족과 함께 거주한다.

이와는 달리 기숙사에 거주하지 않는 교사들은 일주일에 한두 번씩은 저녁에 기숙사에서 근무하면서 학생들을 돌본다. 이렇게 교사들은 기숙사에서 학생들과 함께 생활하면서 수업 시간을 넘어 생활 속에서 하나의 공동체를 이루어 간다.

필립스 엑시터의 기숙사는 건물별로 저마다 전통을 자랑하면서도 거주하는 교사에 따라 규칙도 조금씩 다르다. 나는 필립스 엑시터에 재직하는 동안 여학생들만 거주하는 메릴 기숙사의 어드바이저로 있었다. 전체 학생 수와 비교해 한국 학생들이 많은 편이었는데 다른 선생님들로부터 메릴 학생들은 '공부벌레'라는 평을 들었다. 선생님들은 우리가 다른 기숙사에 비해 밤 11시 취침 시간을 매우 엄격하게 적용하는 것과 아이들 성적이 좋은 것과 관련이 많다고 생각하고 있었다.(정작 학생들 본인들은 별로 좋아하지 않았다!) 그리고 이것은 메릴의 전통이 되었다.

이렇게 기숙사는 정해진 규칙 속에서도 각자 다양성을 지닌 채 학생들의 보금자리 역할을 하고 있다.

시간 관리가 자기 관리다

10대 청소년인 학생들이 부모의 도움 없이 기숙사에서 생활하면서 혼자서 여러 가지를 관리하기란 사실 힘든 일이다. 그런 만큼 보딩스쿨은 부모를 대신해 학생들의 방과 후 시간을 책임지는 것도 중요한 임무 중 하나로 여기고 있다.

필립스 엑시터는 학교 교과 과정 자체가 스포츠와 예술에 많은 투자를 하기 때문에 수업이 끝난 뒤에 각자가 취미활동을 하는 데 부족함이 없다. 하지만 그 외에도 기숙사에서는 학생들에게 다양한 경험을 제공한다. 학교는 매주 토요일에 영화를 상영하는 것은 물론이고 한 달에 한 번 정도 댄스파티를 열거나 연주자들을 초청해 콘서트를 연다. 또 정기적으로 마켓과 백화점으로 쇼핑을 갈 수 있도록 무료 버스도 운영한다.

이렇게 다채로운 프로그램이 제공되면서 부모의 간섭이나 잔소리로부터 해방될 수 있으니 어떻게 보면 기숙사야말로 모두가 꿈꾸는 곳이라 생각될 수도 있다.

하지만 기숙사가 학생들이 원하는 자유와 재미만을 허락하는 것은 결코 아니다. 학생이라는 신분에 따른, 또 단체 생활에 따른 엄격한 규칙은 기본적으로 지켜야 할 사항이다. 가장 기본적으로 지켜야 할 규칙은 시간에 관한 것인데 크게 세 가지로 나뉜다.

첫째는 귀가 시간이다. 각 기숙사를 책임지는 교사는 매일 저녁 학생들이 정해진 시간에 자기 방에 돌아오는지를 확인한다. 9~10학년은 저녁 8시, 11학년은 저녁 9시, 12학년은 저녁 10시에 기숙사로 귀가해야 한다.

둘째는 자습 시간이다. 자율적으로 공부하는 12학년생을 빼고 9~11학년은 10시까지는 조용히 혼자 공부해야 한다. 이때는 같은 기숙사에 거주하는 학생이라 하더라도 다른 방에서 공부할 수 없다. 간혹 학생들 중에는 잠시 친구를 만나러 다녀온다는 이유를 대면서 외출을 요청하는데 이는 통하지 않는다. 도서관에 가거나 교사와 만나 보충 수업을 듣는 등 특별한 경우에만 허락을 받고 기숙사에서 나갈 수 있다.

셋째는 취침 시간이다. 9~11학년생들은 모두 11시에 취침하도록 되어 있고, 12학년생들도 11시 이후에는 모두 자기 방에 있어야 한다. 이 시간을 어겼을 경우, '세븐스sevens'라고 부르는 벌을 받게 된다. 이것은 다음 날 저녁 7시까지 기숙사에 들어오도록 해 자유 시간을 한 시간 반납하도록 하는 벌이다. 다른 기숙사에서는 이것 대신에 아침에 한 시간 일찍 일어나야 하는 '메븐스mevens, morning sevens'라는 벌을 주기도 했다.

기숙사에서 어드바이저로 근무하면서 나는 아침에 일어나 밤

함께 울고 웃으며 학생들은 기숙사에서 학업에 대한 스트레스를 풀고 내일을 준비한다.

에 잠들기 전까지 학생들의 생활 태도를 면밀히 살필 수 있었다. 그리고 학생들의 생활 태도가 곧 학습 태도로 귀결된다는 사실을 깨닫게 되었다.

이른 아침 시간은 누구에게나 힘든 시간이다. 특히 아침잠이 많은 10대 아이들에게는 더할 것이다. 하지만 기숙사에는 아침마다 뺨에 입을 맞추며 깨워 주는 엄마가 존재하지 않는다. 알람이 울리면 스스로 일어나 씻은 뒤 학교 식당의 조식 시간이 끝나기 전까지 도착해 아침 식사를 챙기고 혼자 수업 준비를 끝내서 8시 수업에 참석해야 한다. '5분만 더'를 외치고 돌아눕는다고 5분 뒤에 깨워 줄 사람은 없다. 스스로 조절하지 못하면 아침을 굶을 수도 있고 수업을 놓칠 수도 있다. 하지만 학생들은 모두가 같은 환경에 놓여 있기 때문에 누구를 탓할 수도, 변명을 늘어놓을 수도 없다.

모두가 피곤한 월요일 아침. 나도 서두르며 아침 식사를 하러 식당으로 내려가는데 복도가 갑자기 떠들썩했다. 10대 학생들이 모여 사는 곳이니 오죽하랴!

"에이미, 에이미 어디 갔어? 거실에서 만나서 같이 1교시 수업에 가기로 했다고!"

"욕실에도 없는 것 같은데 약속을 잊고 먼저 간 건 아닐까?"

"에이미! 아직 자고 있으면 어떡해. 지금 일어나지 않으면 아침 식사할 시간도 없다고!"

에이미는 신입생인데 주말마다 한 시간 거리의 보스턴에 있는 집으로 가는 것을 보면 엄마가 챙겨 주는 데 익숙한 듯했다. 혼자서 모든 것을 관리해야 하는 기숙사 생활에 아직 적응하지 못해 기숙사 언니들이 챙겨 주느라 소란스러웠던 것이다.

알고 보니 에이미는 아침 수업에 지각하거나 결석하는 일이 잦았고, 과제물을 미처 챙겨오지 못하거나 심지어는 수업 스케줄을 혼동하는 경우도 있었다. 다행히도 에이미는 스스로 생활을 관리하는 능력을 발휘하기 시작했고 학습 태도에 있어서도 실수를 줄여 갔다.

실제로 기숙사에서 생활하는 것은 대학생이 되었을 때 자신의 생활을 효과적으로 꾸려갈 수 있는 바탕이 된다. 내가 고등학교를 졸업한 뒤 UC어바인에 입학하게 되었을 때, 고등학교와 비교해 수업에서도 생활에서도 늘어난 자유가 어찌나 신기하던지! 신입생 때 내가 들은 개괄 레벨 강의들은 워낙 많은 학생들이 수강하는 대형 강의였기 때문에 출석체크라고는 전혀 없었다. 그래서 자유를 누린다는 명목으로 괜스레 강의를 빠진 적도 여러 번 있었다.

캘리포니아 뱁티스트 대학에 재직하던 시절에도 많은 대학생들이 갑자기 주어진 법적 성인으로서의 자유와 책임을 감당하지 못하는 경우를 종종 보았다. 이때 내가 가르치던 학생들이 문제를 겪는 이유 중 하나가 바로 시간 관리에 실패하면서 생기는 것들이었다. 학생들 중에는 고등학교에 비해서 현저히 줄어든 강의 시간을 이용해 경제적으로 자립한다는 명목으로 아르바이트를 무리하게 하는 경우가 있었다. 그런데 이것은 결과적으로 수업 준비를 하거나 과제물을 할 시간을 빼앗아 공부에 소홀해지도록 했다. 또 어떤 학생들은 이 친구가 이 파티에 가자고 하면 따라가고, 저 친구가 저 활동을 하자고 하면 따라다니면서 이성 교제나 친구와의 관계에 너무 많은 시간을 투자해 시간 관리에 실패하기도 했다.

필립스 엑시터에서의 기숙사 생활은 대학에서의 혼돈을 미리 예방해 주는 역할도 한다. 기숙사가 학생들이 더 큰 세상과 마주할 수 있는 디딤돌이 되어 주는 것이다.

이 밖에도 기숙사는 아직 공동체 생활에 익숙하지 않은 학생들이 모여 있어 여러 가지 문제가 늘 존재한다.

지금까지 누군가와 함께 방을 써 본 적이 없는 학생들은 처음으로 해 보는 기숙사 생활에 적잖이 부담을 느끼면서 룸메이트와 마찰을 일으키기도 한다. 한 명은 아침 일찍 일어나서 공부를 하거나 꽃단장을 하고 싶은데 다른 한 명은 아침잠을 설치는 게 너무 싫은 경우라든지, 룸메이트끼리 사이가 지나치게 좋아서 밤새 이야기하고 노느라 공부에 방해가 되는 경우도 있다. 화장실, 부엌 등의 공동생활 구역도 여러 명이 함께 사용해야 하기 때문에 사소한 어려움들이 있다. 그래서 수업보다도 기숙사 생활이 어려워서 보딩스쿨을 포기하는 학생도 종종 볼 수 있다.

기숙사는 스스로가 어떻게 생활하느냐에 따라 답답한 어항이 될 수도 있고 완전한 순환 구조를 가진 커다란 수족관이 될 수도 있다. 필립스 엑시터는 수족관에 적응한 학생들이 훗날 바다라는 더 큰 자유를 만났을 때 두려움 없이 맘껏 헤엄칠 수 있도록 테두리 안의 자유를 선사하고 있다.

다이닝 홀에서도 배우는 것이 있다

기숙사 생활에서 방 다음으로 중요한 공간은 식당이 아닐까. 10대 시절에 제대로 공부하기 위해서는 무엇보다 잘 먹는 것이 중요한데, 필립스 엑시터의 학교 식당인 다이닝 홀은 최고의 수준을 자랑한다. 다이닝 홀은 두 군데이고 두 곳 모두 동일한 메뉴를 제공한다. 학생들, 교사들, 교직원까지 함께하는데 두 곳 중 아무 곳이나 이용할 수 있다.

필립스 엑시터는 다이닝 홀에서 사용하는 식재료를 구하는 데서도 매우 까다로운 기준을 적용하고 있다. 현대 사회에서 공장화된 식재료를 피하기란 쉽지 않은 만큼 학교 식당에서 옛날 시골에서 먹던 유기농 채소와 고기를 기대하는 것은 어렵다. 하지만 필립스 엑시터는 학생들이 직접 가꾸는 텃밭에서 되도록 많은 식재료를 자체 공급하기를 시도하고 있으며 많은 식재료들을 가까운 농장에서 구입한다.

필립스 엑시터의 음식은 다른 보딩스쿨들보다 음식 맛이 좋기로 유명하다. 물론 집에서 자신의 입맛대로 먹던 것과 비교해 가끔은 볼멘 소리를 하는 학생들도 있지만 대체로 질 높은 식사라는 점은 인정한다. 기본적으로 조식은 항상 식빵, 즉석 와플, 시리얼, 삶은 계란, 신선한 과일 등이 제공되어 원하는 대로 가져다 먹을 수 있고 아침마다 오믈렛, 햄 요리 등 특별 메뉴가 돌아가며 나온다. 학생들은 매끼마다 신선한 샐러드 코너도 맘껏 이용할 수 있고, 디저트도 다양하게 바뀌며 제공된다.

다이닝 홀은 세계 각국에서 진학한 학생들의 입맛을 맞추기 위해 여러 나라의 요리를 자주 선보인다. 그중 하나는 바로 한국의 비빔밥과 불고기이다. 한국을 비롯하여 중국 등 많은 아시아 나라에서 지키는 음력설에는 아시아 요리가 선보인다. 이외에도 계절에 따라 베트남 쌀국수가 나오기도 하고, 중동 지방의 케밥, 인도식 멀리가타니 스프도 종종 나온다. 중국식 오렌지 치킨이나 국수 요리는 주 단위로 나오는 정식 메뉴이기도 하다.

나는 세계 여러 나라의 음식을 맛볼 수 있고 집에서 조리하거나 설거지할 시간을 아낄 수 있는 다이닝 홀을 참 사랑했다. 이곳에서 처음 접한 인도 음식 멀리가타니 스프와 동유럽식 옥수

학생, 교사, 교직원이 모두 함께하는 다이닝 홀에서 세계 각국의 음식을 맛볼 수 있다.

수 떡 폴렌타는 두고두고 기억이 나는 메뉴이다.

다이닝 홀은 기본적인 역할 외에도 자연스레 하크네스 수업이 이어지는 장소로 활용된다. 가끔 선생님들은 다이닝 홀이 한가한 시간을 틈 타 커피나 쥬스 등을 놓고 편안하게 수업한다. 또 함께 수업을 마친 학생들은 다이닝 홀을 방문해 방금 끝난 수업의 토론을 연장하기도 한다. 이 밖에도 이곳은 수업과 상관없이 학생과 교사가 기숙사 규율, 시사, 정치, 학교 행사 등 온갖 이슈에 대해 자유롭게 토론을 나누는 장이 된다.

식당 문화에 있어 어떤 보딩스쿨들은 좀 더 격식 있는 태도를 요구한다. 세인트 폴 스쿨은 학생들이 일주일에 두 번, 정장을 입고 저녁 식사 자리에 참석하는 것을 전통으로 여기고 있다. 학생들은 각자 지정석에 앉고, 교사도 각 테이블마다 지정되어 함께 식사를 나눈다.

이에 비해 필립스 엑시터는 하크네스 수업이 학생과 교사가 동등한 입장에서 토론을 이어가듯 다이닝 홀에서도 서로 열린 마음으로 식사를 나눈다. 또 학생 식당과 교사 식당이 따로 있는 것이 아닌 만큼 캠퍼스에 거주하는 교사의 어린 자녀들이 학생들과 함께 어울려 식사를 즐기는 풍경도 흔히 볼 수 있다.

그뿐만이 아니다. 교장 선생님을 비롯하여 교무처장, 재무 책임자 등 소위 '높은 직위'에 있는 교사와 교직원들이 다이닝 홀에서 동료 교사나 학생들과 어울려 식사하는 것을 항상 볼 수 있다. 또 이들이 아예 1년에 두 번 앞치마를 두르고 서빙을 하는 날이 지정되어 있다.

이렇게 필립스 엑시터의 학생과 교사, 교직원들은 다이닝 홀에서 함께 식사를 즐기는 가족으로서 공동체 정신을 몸소 배우고 있다. 세계 각국의 음식을 통해서 다른 문화를 배려하는 것, 교사와 학생이 한솥밥을 먹는 생활을 통해 다이닝 홀은 또 다른 모습의 인성 교육의 현장이 된다.

학업부터 생활까지 함께하는 어드바이저 교사

학교와 학부모는 학생이 새로 진학한 보딩스쿨에서 순조롭게 학교생활을 시작했다고 해서 결코 안심해서는 안 된다. 아무리 정신적으로나 육체적으로 건강하게 생활하고 있다고 해도 아직 어린 학생들이기에 그들의 내면에는 여러 가지 어려움이 따라다닐 수 있기 때문이다. 실제로 신입생 시절을 잘 보내고 10학년, 11학년에 슬럼프를 겪는 학생들도 적지 않게 보았다.

특히나 필립스 엑시터에 진학하는 학생들은 기본적으로 학업에 대한 욕구가 강하다. 또 이곳에 진학하기 전까지는 거의 모든 분야에서 최고로 우수한 모습을 유지해 오던 경우가 대부분이다. 그렇다 보니 자신의 생활을 제대로 관리하지 못하면 엄청난 양의 공부와 활동을 감당하지 못해 낙오자가 될지도 모른다는 강박관념을 안고 있는 학생들도 더러 있다. 그래서 이러한 심리적 갈등을 이기지 못하고 휴학을 하는 경우도 있다.

이러한 문제를 최소화하기 위해 필립스 엑시터는 기숙사를 중심으로 어드바이징 제도Advising System를 운영하고 있다. 이 제도는 각 교사가 학생들의 어드바이저가 되어 학업부터 생활까지 모든 것을 관리하는 것으로 한국의 담임 선생님에서 좀 더 발전된 개념이라고 볼 수 있다. 어드바이저 교사들은 대부분 학생들과 같은 기숙사에 거주하면서 학업 문제를 비롯한 기숙사 생활, 교우 관계, 클럽활동, 봉사활동에 이르기까지 다양한 면에서 그 역할을 톡톡히 한다. 특히 학생들은 내년에 어떤 과목을 수강할 것인지에 대해 어드바이저와 상담을 한 후에 결정한다.

어드바이저 교사는 학생들이 학교에서 가장 자주 접촉하는 성인으로서 학생들을 공식적으로, 또는 비공식적으로 지켜보면서 학생들과 긴밀하게 유대 관계를 맺고 있다. 이는 학생들이 장차 사회 구성원으로 갖추어야 할 가치, 태도, 사회관 형성에도 크게 영향을 미친다. 그리고 이러한 영향은 통학 학생이 아니라 부모와 떨어져 생활하는 기숙 학생의 경우에 더 크게 작용한다.

학생과 어드바이저 교사의 관계가 이렇게 긴밀하다 보니 어드바이저 교사들이 자신이 담당했던 학생에게 특별히 더 애정을 느끼는 것은 당연하다. 나 또한 필립스 엑시터를 떠난 지금도 그

때 지도를 담당했던 학생들과 계속 연락하고 있다.

특별히 마음이 여려서 가족을 떠나는 학기 초마다 내게 안겨서 울던 애니의 커다란 눈망울이 아직도 잊히지 않는다. 나랑 가깝게 지냈음에도 기숙사 리더로 선출되지 않은 것을 많이 섭섭해 하던 리사와 리사 어머님도 생각난다. 친해지는 데 시간이 오래 걸렸지만 천천히 깊은 신뢰를 맺어 대학 원서를 쓰는 과정에서 추천서를 써 주었던 애쉴리도 기억에 남는다.

나에게 필립스 엑시터에서 가장 어려웠지만 많이 배울 수 있었던 부분이 바로 이 어드바이저 교사로서의 일이었다. 기숙사에 아이를 보내는 부모는 분명 학교에 부모로서의 역할을 어느 정도 기대하는 것이고 교사는 그러한 책임을 지니고 있기도 하다. 어드바이저 교사들은 이 책임을 '인 로코 파렌티스in loco parentis'*라 부르며 어드바이저 교사들은 늘 학생들에 대한 책임을 진지하게 생각하고 있다.

하지만 학생과 학부모가 이해해야 할 부분이 있다. 교사는 학생들의 엄마가 아니라는 점이다. 물론 부모를 떠나 온 학생들이 큰 어려움을 겪지 않도록 최대한 그들을 지도하는 것이 교사의 역할이지만 교사가 엄마가 될 수는 없다. 나도 이 문제로 '내가 얼마나 학생들의 삶에 관여해야 적절할까?' '학생들의 갈등을 덜

---

* 부모 대신이라는 라틴어 표현이다.

어 주기 위한 내 역할은 어떤 것일까?' '학생을 존중하면서 문제를 풀 수 있는 바람직한 해결책은 무엇일까?' 등을 고민하며 여러 가지 질문과 늘 씨름해야 했다.

하지만 언제나 결론은 교사는 학생들이 스스로 규범을 지키면서 자율성을 키워갈 수 있도록 옆에서 도와야 한다는 것이었다. 학생에게 더 좋은 어드바이저, 더 잘 맞는 어드바이저는 있을 수 있지만 결국 모든 결정은 학생 스스로 해야 하고 풀어 나가야 하기 때문이다.

어드바이저 교사와 전문 상담가, 그리고 각 수업 교사들의 보살핌에도 불구하고 학생들이 문제를 일으키거나 규율을 어기는

공부벌레들이 많기로 유명한 메릴 기숙사 학생들의 해변 나들이

경우는 늘 있다. 게다가 학교의 규모가 커지면서 학생 징계와 관련하여 교사회의에서 처음부터 끝까지 해결하는 것이 어려워 졌다. 그래서 필립스 엑시터는 이 문제를 전담하는 교사들로 구성된 징계위원회를 구성하게 되었는데, 어드바이저 교사들은 여기서도 중요한 영향력을 행사한다.

징계위원회에 주로 올라오는 문제는 학생의 품행에 관한 것이 많다. 먼저 어떤 사안이 제기되면 징계위원회 위원 교사들은 몇 시간, 또는 며칠이 걸리든 그 문제를 진지하게 검토한다. 그리고 학생의 평상시 기숙사 생활과 교우 관계 및 특별활동 등을 구체적으로 설명하고 학생을 돕게 된다. 이를 바탕으로 징계위원회는 총체적으로 의견을 나눈 뒤, 징계에 대해 최종적으로는 투표로 결정한다. 징계위원회에는 투표권은 없지만 네 명의 학생 멤버도 함께 포함되어 있다. 이들은 위원회 토론에 참여하지만 최종 투표권은 없다. 학생 멤버는 학생들이 직접 선출하는데, 학생회 회장 선출 선거로 착각할 만큼 대단한 선거 활동이 벌어진다. 이것만 봐도 징계위원회의 중요성과 신뢰도를 알 수 있다.

만약 어떤 학생의 학업에 대한

문제가 학생처장에 제기되면 어드바이저 교사와 함께 거의 1년의 시간을 두고 지속적으로 학생의 학업을 도우며 이를 지켜본다. 하지만 어드바이저, 교사, 각 과목 교사, 학생 주임, 부모의 도움까지 동원했는데도 학생이 결국 필립스 엑시터에서 학업을 계속하기 어렵다고 판단될 경우 교사 회의를 통해 전학을 권하도록 결정한다. 1000명이 넘는 학생 중 1년에 두세 명이 자의 또는 학교의 권유에 따라 휴학 또는 퇴학, 자퇴를 하게 되기도 한다.

바비가 신입생이던 가을 학기, 나는 처음으로 그 아이를 만나게 되었다. 바비는 학업적 준비가 덜되어 있을 뿐 아니라 노력을 하지도 않았다. 하지만 아직 학교생활을 시작하는 단계라서 바비에게 적응의 시간이 더 필요할 것이라 이해하고, 관심을 가지고 지켜보았다. 하지만 9학년이 끝나면서도 바비는 태도나 성적에 있어서 별다른 노력을 보이지 않았고 결국에는 모든 수업에서 좋지 못한 평가를 받게 되었다.

그 후 교사회의에서는 한 학기가 끝날 때마다 바비에 대한 토론이 계속되었다. 바비의 낮은 성적은 역시 태도와 연결되어 있었다. 바비는 기숙사 규율을 번번이 어기는가 하면 수업에도 자주 빠졌다. 학교는 공식적으로 상담과 과외 지도의 기회를 주었고, 기숙사에서는 비공식적으로 선배들이 학업을 도와주기도 했다. 하지만 바비의 태도와 성적은 개선되지 않았고 학교는 결국 10학년이 끝나면서 바비에게 자퇴와 타학교 편입을 권하는 결정을 내렸다.

1년이 넘게 걸린 이 과정은 교사회의에 참석하는 나에게조차 때로는 지루하고 때로는 고통스러웠다. 하지만 이런 과정을 거치지 않고 9학년 말에 바비를 자퇴시켰다면 바비는 그 실패로 인해 더 큰 상처를 입었을 것이다.

이렇게 학교는 어드바이징 시스템을 통해 학생들을 면밀히 보살피고 있다. 쉽게 징계하지 않고 신중하고 민주적인 절차를 거치는 것, 실수를 깨닫게 하고 다시 기회를 주는 것, 잘할 수 있을 것이라 학생을 격려하고 믿어주는 것, 그리고 그 학생에게 최선의 방법이라 판단되는 길을 제시하는 것은 학생들이 인성적인 부분에서 성장할 수 있는 또 하나의 방법이라 믿는다.

11

또 하나의 교육,
봉사 활동

형제자매가 되어 줄게

필립스 엑시터는 수업에서든 학생들의 생활에서든 모든 면에서 나를 위하지 않는 'Non Sibi' 정신을 가르치고자 한다. 아무리 지식이 뛰어난 학생도 남을 위하는 덕이 없다면 올바른 인재로 성장할 수 없다고 여긴다. 이렇게 인성을 중요시하는 가치는 학생들의 다양한 봉사활동에서도 찾아볼 수 있다.

학교의 가장 큰 학생 단체인 '에쏘ESSO, Exeter Student Service Organization'에는 총 70여 개의 클럽이 있는데 대부분 봉사를 목적으로 한다. 학생들은 스스로 새로운 클럽을 만들 수 있으며 이때 관심 있는 교사는 각 클럽의 지도교사로 직접 나설 수 있고 학교는 이를 적극적으로 지원한다. 학생들뿐 아니라 교사들도 많은 활동에 적극적으로 참여하는 것이다. 에쏘의 대표적인 봉사활동 단체로 '빅 십 리틀 십Big Sib Little Sib'*을 들 수 있다.

필립스 엑시터는 거의 백인들만 거주하는 뉴햄프셔주에 위치하고 있다. 그래서인지 학교 밖을 나서면 백인 외 사람들이 거의 눈에 띄지 않는다. 엑시터 동네에 유색인종이 보이면 당연히 필립스 엑시터 학생이나 그 가족, 또는 학교 방문객이겠거니 할 정도이니 말이다. 이런 환경에서 백인 가정에 입양되어 살아가는 소수계 입양아들은 비록 바람직한 환경 속에서 성장한다 하더라도 정체성에 대해 고민할 수 있다.

빅 십 리틀 십은 이러한 필립스 엑시터 소수계 학생들이 지역 입양아들의 언니, 오빠, 형, 누나로 연대를 맺어 이들을 돌보는 활동을 하는 클럽이다. 이 클럽에는 중국계 학생들이 가장 많았지만, 한국을 비롯한 라틴 아메리카, 아프리카 지역에서 온 학생들도 다수 참여했다.

필립스 엑시터에서 두 번째 학기를 맞이하던 2월의 어느 일요일 오후, 나는 교실에 갔다가 우연히 과학관 1층에 많은 사람들이 모여 붐비는 것을 보았다. 중국 신년 파티라도 열리는 듯 커다란 용머리가 왔다 갔다 하는 가운데 딸 다은이와 비슷한 또래의 꼬마들도 보였고 내가 아는 한국 학생들도 몇몇 눈에 띄었다.

---

* Sib은 sibling, 즉 형제자매의 줄인 말이다.

학생뿐 아니라 교사와 교직원들도 자원봉사에 적극적으로 동참한다.

그런데 신기한 것은 아이들만 모두 까만 머리이고 어른들은 전부 백인이라는 점이었다. 궁금하던 차에 지나가는 학생에게 사연을 물었더니 다름 아닌 빅 십 리틀 십에서 여는 연례행사라고 했다. 그곳에는 그동안 학교에서 오고 가며 마주쳤던 많은 소수계 학생들이 '동생'들과 모여 따뜻한 시간을 나누고 있었다. 나는 곧 딸 다은이를 '리틀 십'으로 등록했고, 그길로 클럽의 어드바이저가 되었다.

내가 고급생물학을 가르치기도 한 지나는 이 클럽의 회장으로 활동하고 있었다. 지나는 조용조용한 모범생이자 완벽주의적 기질이 있어서 혼자 스트레스를 많이 받는 편이었다. 그런데도 클럽을 잘 이끄는 모습이 무척 인상적이었다.

"지나, 너 참 대단해. 공부할 시간도 부족할 텐데 이렇게 큰 클럽을 잘 운영하고 있으니 말이야. 게다가 자매를 맺은 동생들도 챙기면서 말이야."

워낙 진지한 학생이었던 지나는 환하게 웃으며 말했다.

"아니에요, 선생님! 해야 할 일이 많기는 하지만 정말 즐거워요. 특히 이 클럽에서 만나서 제 동생이 된 애비와 시간을 보낼 때면 공부하면서 쌓였던 스트레스가 풀리는 것 같아요. 제가 애비에게 무엇을 해주는 게 아니라 오히려 애비가 제게 더 많은 것을 주고 있어요."

지나의 이 한마디는 내게 사회 봉사에 대해 살아있는 가르침을 주었다.

백인 가정에 입양된 중국계 소년인 워렌도 이 클럽에서 활동하고 있었다. 워렌은 내가 아시아계 교사라고 반가워하며 곧 잘 따랐다. 나는 워렌과 아시안으로서의 정체성에 대해 얘기하면서 이 단체의 소중함을 다시 느낄 수 있었다.

"중국에서 태어나긴 했지만 한 번도 가본 적이 없어서 늘 중국이라는 나라가 낯설게 느껴졌어요. 그건 지금도 마찬가지고요. 하지만 여기서 활동하면서 동양의 많은 나라들, 특히 중국과 한국에서 온 학생들을 만나며 제가 태어난 나라에 대해 조금씩 알게 되었어요."

워렌은 이곳에서 친구들과 어울리며 어린 시절 느꼈던 고립감과 목마름을 해소해 갔다. 그리고 가정과 학교에서 자신의 정체성을 차츰 찾을 수 있었다

빅 십 리틀 십은 생긴 지 몇 년 만에 크게 성장했다. 필립스 엑시터의 소수 민족 출신 학생들은 모두 이 클럽에서 언니, 오빠, 형, 누나로 활동하기를 원하는 것일까라는 착각이 들 정도로 인기가 높아서 나중에는 한 명의 동생에 두 명의 언니 오빠가 맺어지기도 했다. 2011년에는 이 근방에 이렇게 많은 외국인 입양아들이 있었나 싶을 정도로 큰 클럽이 되어, 100명 이상의 지역 입양아들이 필립스 엑시터의 학생들과 형제자매 결연을 맺었다.

나는 이 클럽의 어드바이저로 활동하면서 여러 가지 감격스러

운 모습을 목격했다. 특히 처음에 빅 십 리틀 십의 동생으로 이곳을 방문했던 지역의 아이가 자라서 필립스 엑시터의 재학생으로 이 클럽의 언니가 되는 모습을 보면서 뿌듯함을 느꼈다.

이외에도 지역의 어린 아이들에게 한글과 한국 문화를 가르치는 '코리안 컬처 클럽Korean Culture Club'이라는 봉사 단체도 있었다. 나는 여기서도 지도교사로 활동했다. 이 단체에서 만난 린지는 한류 스타 아이돌을 무척이나 좋아해 한국에 관심이 많았다. 린지는 여기서 한글을 배우며 먼 훗날 한국을 꼭 방문하고 싶다는 꿈을 키우기도 했다.

이렇게 필립스 엑시터에는 학생들이 각자의 적성에 맞추어 활동할 수 있는 봉사 단체가 많이 있다. 동네 양로원을 찾아가 할아버지, 할머니의 말동무가 되어 드리거나 연극이나 음악 연주를 하는 클럽, 초등학교나 중학교를 찾아가 아이들을 과외지도하는 클럽, 학교 산하 어린이 집에서 음악과 발레를 가르치거나 아이들과 놀아주는 클럽, 버려진 동물들을 돌보는 기관에서 봉사하는 클럽, 직접 가지는 못하지만 각종 해외봉사를 홍보하고 기금을 마련하는 클럽 등 일일이 셀 수 없을 정도이다.

우리 부부도 에쏘 클럽 중 어린이들에게 악기 연주를 가르치는 클럽, 외국 입양아들과 엑시터 학생들이 형제자매를 맺는 클럽, 그리고 한국 문화와 언어를 알리는 클럽에서 지도교사로 봉사했다.

장 선생은 엑시터 주변 동네에 사는 유치원생과 초등학교 학생들에게 무료로 악기 레슨을 해주는 '엑시터 유스 스트링스Exeter Youth Strings'라는 봉사 클럽의 어드바이저로 있었다. 이 클럽은 우리가 재직하고 있을 때 바이올린을 연주하는 한국 유학생 유나가 만든 단체였다. 필립스 엑시터는 학교의 예산을 들여 악기를 구매해 경제적으로 악기 레슨을 받기 힘든 가정의 아이들이 경제적인 부담 없이 음악을 즐길 수 있도록 했다.

엑시터 유스 스트링스를 찾아온 아이들은 처음으로 바이올린, 첼로 등 현악기를 배울 수 있었고 몇 년이 지나면서는 서서히 피아노, 플룻 등의 여러 가지 악기도 다룰 수 있게 되었다. 이렇게 시작한 엑시터 유스 스트링스는 우리가 엑시터를 떠날 즈음에는 학기말이면 레슨을 받은 아이들과 선생님이 함께 어우러져 음악회도 열면서 음악을 나누는 꽤 굵직한 단체로 자리잡게 되었다.

우리뿐만이 아니다. 필립스 엑시터의 교사들은 다양한 봉사활동에 참여하며 자기 자신만을 위하지 않는 'Non Sibi' 정신을 몸소 가르치고 있다.

필립스 엑시터의 교직원 로리는 에쏘라는 거대한 조직을 전문적으로 운영하는 총괄 디렉터로 평생 지역사회 봉사에 앞장 서온 분이었다.

로리는 "전 제가 받은 축복을 사회에 환원하지 않고는 살 수

한국을 비롯한 호주, 중국, 터키 등 세계 곳곳에서 모인 필립스 엑시터의 학생들

없어요. 필립스 엑시터 학생들뿐만 아니라 교사들도 모두가 필수적으로 봉사활동을 해야 하죠."라고 강조했다.

로리는 이제 필립스 엑시터에서 은퇴하여 남편과 함께 환경보호 비영리 단체로 등록된 과수원을 운영하며 건강한 먹거리와 생태계 유지를 위한 봉사활동에 참여하고 있다.

생물학과 스티븐스 선생님은 몇 년 전 안식년 기간에 온 가족이 함께 중앙아메리카의 온두라스를 방문했다. 그는 1년간 고아원에서 봉사를 했는데 그 후로는 봄방학마다 필립스 엑시터의 학생 자원봉사자들을 데리고 방문했다.

한국에서도 봉사활동을 건강한 태도로 임하는 학생들이 많을 것이지만, 일부에서는 봉사활동을 대학 지원 원서에 적어 넣을 '귀찮은 활동' 중 하나로 여긴다는 소식을 접한 적이 있다. 봉사활동을 통해 인간다운 정을 나눌 수 있는 계기를 마련하는 필립스 엑시터의 정신을 되새겨 볼 필요가 있다.

지역사회와 함께하다

필립스 엑시터에서는 1년에 한 번, '지구의 날'을 기념하여 전교생뿐 아니라 교사들까지 수업 대신에 사회 봉사활동에 참여하는 '커뮤니티 액션 데이Community Action Day'가 열린다. 원래는 봄을 맞아 다 함께 캠퍼스를 대청소하는 날이었지만 현재 교장인 토머스 하산 선생님에 의해 더 큰 의미의 사회 봉사의 날로 바뀌게 되었다.

그리고 이날은 봉사활동을 펼치는 의미와 더불어 엑시터의 공동체 활동에 대한 의미도 있기 때문에 각 기숙사별, 어드바이징 그룹별, 앙상블별, 클럽별로 봉사활동 프로젝트를 진행하기도 한다. 그래서 평소에 에쏘에서 활동을 하지 않는 학생들이나 교사, 교직원들도 이날만큼은 필립스 엑시터라는 공동체의 일원으로 시간과 재능을 기부함으로써 학교 전체가 지역사회와 함께하면서 'Non Sibi' 정신을 실천한다.

2010년과 2011년 커뮤니티 액션 데이에 나는 내가 어드바이저로 돌보는 열한 명의 여학생들과 함께 학교 어린이 집을 찾아가 아이들을 돌보고 청소도 하면서 의미 있는 하루를 보냈다. 장 선생은 이날 학생들과 함께 학교 근처 공원을 청소하고 정리하는 프로젝트에 참여했다. 특히 2010년에는 하이킹 부츠 등 신발을 만드는 기업으로 환경보호 자원봉사에 적극적인 팀버랜드가 함께했다.

이렇게 교사와 기업, 지역 공동체가 함께하는 활동을 통해 학생들은 개인에서 나아가 공동체적 존재로 사회에 참여하는 중요성을 배우게 된다.

사회를 향해 나눔의 정신을 실천하는 것은 비단 필립스 엑시터만의 일은 아니다. 미국에서 명문고나 명문대는 무엇보다도 사회적 약자나 소외 계층을 위해 배려하고 희생하는 것을 덕목으로 여긴다. 이러한 교육을 받은 학생들은 대학원에 진학하고 나서도 주위를 돌보는 일에 힘쓴다. 학생들이 이미 최종 학위를 받는 대학원에서도 나눔을 실천하고 있는 것을 통해 우리는 이러한 활동이 다음 단계의 학교에 진학하기 위한 도구가 아니라는 것을 알 수 있다.

커뮤니티 액션 데이에 모인 교사와 교직원들이 봉사활동을 시작하기 전에 파이팅을 외치고 있다.

　　하버드 의학 대학원 재학 시절, 나는 순수과학 박사과정 프로그램 내의 여러 학생 클럽 중에 '시딩 랩스Seeding Labs'라는 단체에 참여했고 친한 친구는 '사이언스 인 더 뉴스Science in the News'라는 단체에서 활발히 활동했다. 시딩 랩스는 하버드에서 사용하던 최첨단 기기들을 기부받아 시설이 열악한 제3세계에 보내는 일을 했다. 시딩 랩스의 지원은 뎅기열 등 연구해야 할 과제들이 쌓여 있는데도 경제적인 상황 때문에 기본적인 기기조차 마련하지 못하는 이런 지역의 연구실에 실질적인 도움을 주었다.

사이언스 인 더 뉴스는 하버드 의대가 위치한 보스턴 시의 끝자락, 가난하고 조금은 위험한 지역 시민들에게 최신 과학과 의학 뉴스를 알기 쉽게 알려 주는 일을 했다. 이 일은 어린 학생들의 과학 교육에도 이바지하며 상대적으로 열악한 이 지역사회를 발전시키는 데도 도움을 주었다.

중고등학교를 미국에서 다닌 나는 학창 시절 동안 봉사를 할 기회가 많았다. 돌이켜 보면 내성적인 데다 사회 봉사에 대한 인식이 부족하여 좀 더 적극적이지 못했던 것이 후회가 된다.

'봉사는 인간의 본분'이라는 로리 선생님의 말씀. '돕는 내가 더 배우는 것이 많다'는 지나의 진심 어린 마음. 나는 필립스 엑시터에서 사회 봉사를 통해 더불어 사는 법을 배웠다. 이 또한 필립스 엑시터가 나를 비롯한 학생들에게 전해 준 중요한 가르침이다.

12

다른 세상과 만나는
교류 활동

자연과 인간을 배우다

필립스 엑시터는 학생들이 학교 밖에서도 새로운 경험을 할 수 있도록 여러 가지 프로그램을 운영하고 있다. 어학연수 차원의 해외 교환학생 프로그램은 물론이고 자연에서 배우는 '밀튼 아카데미 마운틴 스쿨'과 장애우들과 생활하는 '발리토빈 공동체 프로그램', 미국 국회에서 한 학기 동안 일하면서 배우는 '워싱턴 인턴 프로그램', 캐리비언 체험 학습과 함께 환경 문제를 다루는 '섬 학교' 등이 있다.

이렇게 학생들이 학기 중에 학교 밖으로 나가 배울 수 있도록 하는 것은 교류를 통해 새로운 세상을 만나도록 장려하는 필립스 엑시터의 교육 철학 때문이다.

필립스 엑시터에서의 첫 가을 학기. 기숙사에 있는 학생들과 모두 인사를 나누었는데 12학년생 한 명과는 만날 수 없었다. 알고 보니 이 학생이 가을 학기를 외부 프로그램인 밀튼 아카데미 마운틴 스쿨에서 보내고 있기 때문이었다.

밀튼 아카데미 마운틴 스쿨은 전국에서 지원서를 받아 한 학기에 마흔다섯 명의 학생을 선발해 열두 명의 교사가 함께 산 속 공동체에서 생활하는 프로그램이다. 이 프로그램을 통해 학생들은 자연과 인간의 관계에 대해 깊이 고찰하는 기회를 가진다.

학생들은 가을 또는 봄 한 학기 동안 농장과 숲에서 생활하면서 환경을 주제로 여러 수업을 듣는다. 필수 과목인 영어 수업에서는 인간과 땅의 관계에 대해 쓰여진 작품들을 읽고, 물리 수업에서는 낭떠러지에서 실험하며 중력에 대해 배운다. 또 체육 시간에는 등산을 떠난다.

가을 학기에 이 프로그램에 참가했던 세라는 필립스 엑시터 학생답지 않게 조용하고 수줍음이 많은 학생이었다. 하지만 예외가 있었으니 바로 마운틴 스쿨에서 배운 점을 이야기할 때였다.

"밀튼 아카데미 마운틴 스쿨을 통해 자연의 소중함은 물론이고 공동체 정신을 배울 수 있었죠."

세라는 곧 기숙사 내에서 '흰 빨래도 찬물로 빨기', '미지근한 물로 샤워하기' 등의 에너지 절약 캠페인을 벌였고 기숙사 밖에서는 '학교 식당에서도 자체 텃밭에서 기른 채소를 먹을 수 있도록 준비하자'는 여론을 만들어 갔다. 세라를 통해 밀튼 아카데미 마운틴 스쿨에서 학생들이 무엇을 배웠는지를 알 수 있었다.

또 하나의 인생 공부

한번은 기숙사의 새침하고 귀여운 로라가 아일랜드 발리토빈에 가게 되었다는 얘기를 들었다. 나는 로라에게 물었다.

"다른 프로그램들은 이름만 봐도 무엇인지를 알 것 같은데, 발리토빈 공동체 프로그램은 잘 모르겠구나. 어떤 활동을 하는 것이니?"

"아일랜드의 발리토빈이라는 지역에서 장애인들과 함께 살면서 그들을 돕는 거예요."

"장애인 학교인가 보구나? 거기서 너희들은 조교 같은 역할을 하는 거니?"

"학교는 아니고 농장 겸 장애인 시설이에요. 저희는 농장일을 돕거나 장애인을 돌보면서 생활하게 된대요."

발리토빈 공동체는 1968년에 필립스 엑시터를 졸업한 패트릭 라이든이 1979년에 아일랜드 킬케니 지역에 설립한 곳으로 장애인들이 모여 사는 시설이다. 필립스 엑시터는 2004년부터 발리토빈을 정식 겨울 학기 프로그램으로 채택하고 매년 12학년 학생 중 두 명을 선발하여 학생들이 한 학기 동안 발리토빈에서 장애우들과 함께 생활하도록 한다.

이러한 발리토빈 공동체 프로그램의 목적은 크게 두 가지로 볼 수 있다. 첫째는 학생들이 노동 자체가 가지는 교육적 가치를 깨닫게 하기 위해서이며, 둘째는 책으로는 배울 수 없는 가치를 접하며 학생들이 한 단계 더 성장할 수 있도록 돕기 위해서이다.

그래서 학생들은 이곳에서 농사도 짓고 장애인들을 돌보며 온종일 몸을 사용하는 노동을 해야 한다. 물론 학업적인 활동이 없는 것은 아니다. 참여한 학생들은 장애인들과 함께 연기 수업을 듣거나 필립스 엑시터 교사들이 인터넷으로 전달하는 문학 수업을 듣고 매주 일기 형식으로 글쓰기 과제를 제출한다. 또 이 프로그램이 끝나는 학기 말에는 이곳에서 보고 배우고 느낀 것에 대한 긴 리포트를 쓰게 된다.

하지만 학생들이 발리토빈에 가는 것은 결코 학업적인 활동을 하거나 책으로 하는 공부를 하기 위해서가 아니다. 바로 살아있는 '인생 공부'를 하기 위해서이다. 필립스 엑시터는 발리토빈 공동체 프로그램의 가치를 알고 이곳이 밀튼 아카데미 마운틴 스쿨처럼 정규 수업을 하지 않더라도 학기 중 교육 과정으로 인정하고 있다.

처음에 로라에게서 발리토빈 공동체 프로그램에 대해 들었을 때 솔직히 놀랐다. '어학연수나 인턴 프로그램도 아니고, 또 21세

기의 이슈라 말하는 환경 문제를 배우는 섬 학교도 아닌 곳에서 장애인을 도우며 노동을 한다고? 무엇보다도 대학 입시를 코앞에 둔 지금?'이라는 생각이 들었기 때문이다.

하지만 발리토빈 공동체에서 의미 있는 한 학기를 지내고 난 뒤 한층 더 성숙해진 로라를 보며 내 생각을 돌이켜 보았다. 그리고 가치로운 결정을 내린 로라의 결단이 부러웠다.

"로라야, 그런 결정을 했다니 참 존경스럽구나. 나였다면 도저히 선택하기 어려웠을 것 같다."

이렇듯 필립스 엑시터는 인생의 황금기와 같은 시기에 학생들이 타인을 위해 봉사하는 경험을 할 수 있도록 기꺼이 지원한다. 'Non Sibi' 정신을 중요한 가치로 배우도록 하고, 배운 것을 살아내는 모습. 모든 교육이 밀튼 아카데미 마운틴 스쿨 같고 발리토빈 공동체 프로그램과 같다면 얼마나 좋을까. 우리는 어떻게 이런 기회들을 만들고 지속시킬 수 있을까?

Part 05

학교 시스템이
인 성 을
만 든 다

필립스 엑시터에서 수업의 주체가 학생이라면, 학교 운영의 주체는 교사들이다. 교사 중심 운영 제도 아래서 교사들은 교사회의를 열어 토론으로 학교를 이끌어 나간다. 또 입학사정 관제를 통해 열정과 잠재력이 빛나는 개천의 용을 찾아 이들과 함께 성장하기를 꿈꾼다.

13

학교를 움직이는 교사

교사들끼리도 토론을 하는 이유

명문을 명문으로 만드는 것은 말할 것도 없이 우수한 학생들과 성공한 동문들이다. 사실 어떤 학교가 명문의 대열에 들어서고 나면 큰 이변이 없는 한 그 명성이 학교를 계속 명문으로 유지하는 힘이 된다. 명문에 우수한 학생들이 끌리는 것은 당연하니까. 하지만 길게 보았을 때 우수한 학생들을 끌어들여 이들을 성공적인 인재로 키워 내기 위해서는 우수한 교사가 필요하다.

우수한 교사란 무엇일까? 교사의 길로 들어선 우리 필자 부부가 평생을 통해 고민하고 배워야 할 과제이자 쉽게 대답할 수 없는 질문이다. 하지만 확실한 것은 필립스 엑시터에는 우수한 교사가 많다는 사실이다.

필립스 엑시터의 한 베테랑 교사에 의하면, 한 과에 한 명 정도 스타 교사가 있는 다른 학교와는 달리 필립스 엑시터에는 스타가 없다고 한다. 이 말은 스타급의 교사가 없다는 말이 아니라 이곳의 많은 교사들이 이미 스타 교사라 할 만큼 능력과 자부심에서 우수하다는 뜻이다.

학기를 시작하는 시기, 한 중년 신사가 과학관에서 길을 잃은 듯 두리번거리고 있었다. 나는 그 분을 도와주고자 말을 건넸다.

"어디를 찾으시나요? 저는 이 학교에서 근무하고 있어요."

"30년 전에 이 학교를 졸업한 졸업생인데 아들이 올해 모교인 필립스 엑시터에 입학하게 되었어요. 그래서 예전에 저를 가르치시던 생물학 선생님을 만나 인사도 드리고 아들도 부탁드리려고요."

불현듯 감동스런 마음이 들었다. 자신이 졸업한 학교를 자랑스럽게 여기고, 은사에 대한 믿음으로 자녀의 배움도 부탁드리다니!

그 중년 신사가 찾던 교사는 30년 넘게 생물학 교사로 재직 중이셨던 아로니언 선생님이었다. 나중에 보니 동문이 학부모가 되어 학교를 찾아오는 경우가 종종 있었다. 이 모습을 보면서 학생들의 교사에 대한 두터운 신뢰가 필립스 엑시터를 명문으로 이어지게 하는 원동력이라는 것을 새삼 느꼈다.

교사와 학생 간에 신뢰가 쌓이게 된 것은 기본적으로 필립스 엑시터만의 '교사 중심 운영 제도faculty-run school'라는 철학을 바탕으로 한다. 1856년에 필립스 엑시터 이사회는 교사들을 그저 교사진 또는 스탭이라 부르는 대신 '교수진faculty'*이라 부르기로 결정했다. 그 후로 200년이 넘는 역사를 거치며 학교의 리더십은 이사회에서 교사들에게 서서히 옮겨지게 되었다.

학교가 성장하면서 크기가 커진 교수진은 7대 교장인 할란 에이먼 교장때 부터 더욱 적극적으로 권한을 행사하기 시작해 1900년 초에 이르러 교사 중심 운영 제도는 확고히 자리 잡게 되었다.

이로써 교사는 학교로부터 월급을 받고 수업이나 열심히 하는 단순 피고용인에서 점점 더 의미를 확장해 훨씬 더 복합적이고 적극적인 위치에서 학교 문제에 관계하게 되었다. 교사는 학교를 운영하는 것은 물론이고 학생과 관련한 주요 사항을 결정하는 역할의 주체로 거듭나게 된 것이다.

특히 필립스 엑시터는 교무처장Dean of Faculty**과 학생처장Dean of Students***의 자리에도 외부에서 전문인을 영입하는 대신 교사들이 돌아가며 임직할 수 있도록 한다. 이는 교사가 학교와 학생에게

---

* 한국에서 교수란 대학 교수만을 지칭하지만 미국에서는 faculty라는 단어로 초중고, 대학을 막론하고 교사나 교수를 존중해서 일컫는 말로 쓰인다.
** 교사 임용권 등을 행사하며 교장 다음의 요직이다.
*** 학생 징계 등을 관할한다.

더욱 애착을 가질 수 있는 계기가 되었다.

이러한 교사 중심 운영 제도는 필립스 엑시터의 수업이 하크네스를 바탕으로 진행되는 것과 같이 토론하면서 서로의 의견을 존중하는 '교사회의'를 기반으로 한다. 교사회의는 매주 수요일에 열리는데, 이 회의에는 수업을 가르치는 교사를 비롯해 직접 수업을 가르치지는 않지만 학생들과 밀접한 관련이 있는 교직원까지 총 200여 명이 참여한다.

이 시간은 교장을 비롯한 고위 관리가 교사들에게 일방적으로 결정을 전달하기 위한 시간이 결코 아니다. 회의에서 교사와 교직원들은 학사 일정과 학교 운영에 관한 굵직한 주제부터 학생별 성적이나 징계 문제에 이르는 세부적인 주제까지 학교에서 일어나는 전반적인 일들을 논의한다. 이 중 특히 교칙 문제나 학생 징계 문제는 초창기부터 교사들의 고유한 영역으로 인정되었으며 현재도 교사가 주체적인 권한을 행사한다. 이렇듯 교사 중심 운영 제도를 통해 교사는 모든 사안에 대해서 중심적 역할을 한다.

몇몇 교사들은 이러한 회의를 어쩔 수 없이 해야만 하는 다소 부담스러운 일로 여기기도 했다. 하지만 내게 필립스 엑시터의 회의는 대부분 흥미로웠으며 다양한 시각에서 문제를 들여다볼 수 있는 배움의 기회가 되었다.

1781년에 개교한 이래 233번째 해를 맞이한 필립스 엑시터. 학생과 교사, 교직원이 참석한 가운데 하산 교장 선생님이 오프닝 어셈블리 총회에서 인사를 하고 있다.

필립스 엑시터는 이렇게 교사가 학교의 일에 적극적으로 참여하는 것이 우수한 학교를 만들기 위한 투자라는 것을 잘 알고 있기에 학교 차원에서 이를 적극적으로 지원한다. 이러한 노력이 필립스 엑시터를 명문으로 만드는 기초가 된다.

교사에서 '선생님'으로

교사와 학생의 관계에서 교사는 내용을 전달하는 사람, 학생은 내용을 배우는 사람으로서의 계약 관계가 전부가 아니다. 단지 이런 관계뿐이라면 학생들은 인터넷이나 우수한 교육 플랫폼을 통해 이미 정리되어 있는 내용을 습득하기만 해도 무리가 없다. 하지만 학생과 교사가 직접 만나서 이루어지는 수업이든, 인터넷을 통해 이루어지는 온라인 수업이든 근본적으로 교육은 소통을 기반으로 하는 배움의 과정이다. 그리고 이것은 교사와 학생이 상호 믿음을 바탕으로 인격적인 관계를 맺을 때 더 큰 성과를 만들어 낸다. 하지만 이것이 그리 간단한 일은 아니다.

필립스 엑시터에서 처음 학생을 가르치게 되었을 때, 나는 '어떻게 하면 내용적인 측면에서 수업을 잘 가르칠 수 있을까'에 대해서 많이 고민했다. 물론 교사로서 교과과정에 대한 이해가 기본적으로 튼튼해야 한다. 하지만 필립스 엑시터에서 학생들을 가르칠수록, 그리고 대학에서 학생들을 가르치면서 지금 드는 생각은 교사라면 무엇보다도 '학생과의 관계'를 고민해야 한다는 점이다.

필립스 엑시터의 교사들은 이 점을 잘 알고 있다. 교육은 가치를 전하는 일이라는 것을 이해하고 교사라면 학생을 사랑하는 마음부터 뿌리 깊이 가져야 한다고 믿고 있다.

하루는 다이닝 홀 식탁에 둘러 앉은 선생님들이 '어떻게 하면 학생들이 주인의식을 가지고 수업에 동참할 수 있도록 할까?'를 놓고 토론을 벌였다. 한번은 한 선생님이 이렇게 말문을 열었다.

"신입생들 중에는 선생님은 학생을 평가하는 존재라고 생각하는 아이들이 있어요. 그래서 하크네스 수업을 할 때도 만약 자신이 말한 대답이 정답이 아니면 선생님이 자신의 학업 수준이 낮다고 평가할까 봐 눈치를 보는 경우가 있죠. 이런 학생들은 자유롭게 토론에 동참하지 못해요."

옆에 있던 선생님도 비슷한 얘기를 꺼냈다.

"학생들이 선생님을 오로지 평가자로만 생각한다면 토론이 이끌어 가는 하크네스 수업에서 결코 주인이 될 수 없죠. 성공적인 하크네스 수업을 위해 우리 교사들은 먼저 학생들의 마음에 다가가야 합니다. 그래서 선생님이란 학생을 돕는 조력자이자 배움의 장을 함께 경험하는 동반자로 받아들이도록 해야 합니다."

물론 교사와 학생 사이에 단순히 학업적인 관계를 넘어 신뢰를 바탕으로 하는 관계가 형성되기 위해서는 정신적인, 그리고 물리적인 에너지가 필요하다. 하지만 이러한 관계가 먼저 형성되었을 때, 교육은 진정으로 가치 있는 일이 된다.

나는 필립스 엑시터에서의 경험을 토대로 대학에서 학생들을 가르칠 때도 학생들에게 교사가 아닌 '선생님'으로 다가가고자 했다.

캘리포니아 뱁티스트 대학에 재직 중일 때였다. 한번은 생물학 공부를 아직 제대로 해 본 적이 없고 수학 공포증이 있던 한 학생이 다가와 말을 건넸다.

"교수님이 가르치는 이 수업이 저한테는 너무 어렵지만 교수님처럼 학생을 격려하고 돕고자 노력하는 분은 처음이었어요. 성적이 낮게 나오더라도 포기하지 않고 최선을 다하겠어요."

내게 먼저 다가와 진심 어린 고백을 들려준 학생에게 나는 꾸준히 관심을 보였고 그 학생은 성적에서도 점점 변화를 나타내게 되었다.

장 선생도 학창 시절, 선생님이 보여 준 관심과 애정이 그 어떤 가르침보다도 자신의 꿈을 키워 주고 자신감을 길러 주는 데 기여했다고 한다. 중학교 2학년 때 만난 물상 선생님은 수업 시간에 학생들에게 다양한 질문을 던지셨다. '왜 이런 현상이 생기는

지 설명해 볼 사람?' 선생님은 이러한 질문을 통해 상상력과 논리력을 자극하셨고 학생들은 나름대로 답을 생각해 발표하는 것을 주저하지 않았다. 선생님은 장 선생을 비롯한 급우들이 틀린 대답을 해도 이를 부끄럽게 생각하지 않도록 하셨고, 좋은 대답을 한 학생은 격려하셨기 때문이다. 이래서 물상은 장 선생이 제일 좋아한 수업이 되었다.

물상 선생님이 하셨던 수업은 학생들로 하여금 스스로 생각하게 하고 답변을 찾도록 하는 '소크라틱 교수법'이면서 필립스 엑시터 아카데미에서 이루어지는 '하크네스 수업'의 원리와도 상통하는 것이다. 장 선생과 학생들은 이러한 수업을 통해 조금씩 공부하는 재미를 깨우쳐 갔다.

또 중학교 졸업 후 겨울 방학에 만난 작곡 선생님은 장 선생이 작곡 공부를 넘어 작곡가로서 성장할 수 있도록 이끌어 주셨다. 레슨을 가면 처음 들어 보는 신비한 음악, 난해한 음악을 들려주신 후에 '뭘 느꼈느냐?' '대체 작곡가가 무엇을 표현하려 한 것 같니?' '이것을 음악이라고 할 수 있겠니?' 등의 질문을 던지셨다. 장 선생은 이를 통해 작곡가가 평생 고민해야 할 도전과 창의성을 배웠다.

장 선생이 물상 선생님과 작곡 선생님을 통해서 배운 것은 단순히 학업적인 부분이 아니다. 선생님과 학생이 신뢰할 수 있는 인간적인 관계를 맺을 때 학생들은 더욱 크게 성장한다는 것을

학생들은 교장 선생님과 자유롭게 대화를 나누며 함께 학교를 만들어 간다.

몸소 경험한 것이다.

　이렇게 학생과의 관계를 소중히 여기는 교사는 학생들에 대한 관심을 교실로만 국한시키지 않고 교실 밖으로 확장시킨다. 그래서 학생들이 어떤 환경에서 생활하는지, 학교 밖에서는 어떤 활동을 하고 있는지, 졸업 후에는 어떤 꿈을 가지고 이 학교에 다니고 있는지에 대해 학생들과 교감을 나누고자 한다. 교사가 이러한 노력으로 학생에게 다가갈 때 학생들은 교사를 강단에서 가르치는 사람으로만 보지 않고 '선생님'으로 여기게 된다.

　내가 대학에서 가르쳤던 학생들은 대부분 고등학교를 졸업한 뒤 바로 대학에 진학한 보통 학생들이었지만, 나이, 경제적 배경, 출신 지역과 문화도 다양한 학생들이 꽤 있었다. 오빠가 암으로 숨지게 되어 수업을 여러 번 빠질 수밖에 없다는 40대 학생에게 나는 1~2주 동안 집에서 공부할 수 있도록 했다. 물론 결석에 대한 제재는 없었다. 딸의 공립학교는 휴교하지만 학생인 엄마의 사립대학은 휴교하지 않는 날, 그 엄마가 딸을 데리고 수업에 들어오도록 했다. 밤새 일을 해야 하기 때문에 시험 공부를 못 했다는 학생에게 그 시험에서 특별한 배려를 해 줄 수는 없지만 앞으로의 아르바이트 스케줄을 바꿀 수 있도록 사장과 직접 상의하겠다고 자청했다.

배움에 대한 욕구와 의지를 가진 사람이라면 배움은 언제, 어느 곳에서든 이루어질 수 있다. 교육은 그런 개인들의 관계이자 만남이다. 필립스 엑시터는 지식을 전하고 기능을 연마하는 교육이 더욱 탄력받을 수 있도록 학생과 교사의 관계를 중요시한다. 그래서 학업이 학생 혼자만의 고달픈 길에 머무르지 않고, 옆에서 박수 치고 응원하는 교사와 더불어 가는 길이 될 수 있도록 돕는다.

14

입학사정관제로
잠재력을 보다

개천의 용을 찾습니다

미국에서 고교입시란 사립고등학교에 진학하는 것을 의미한다. 미국의 사립고등학교는 대학과 같은 구조의 입학사정관제를 운영한다. 입학사정관제는 말 그대로 입학사정관들이 지원자를 심사해 합격자를 선발하는 제도다. 보통의 경우 입학사정관은 교수나 교사가 아닌 입시전담기구의 전문가들로 이루어지는 경우가 많다. 가령 생물학과 지원자를 뽑을 때 생물학과 교수들이 뽑지 않고 입시전담기구 내 입학사정팀에 속한 사정관들이 학생을 심사해 선발하는 것이다. 물론 이들은 오랫동안 체계적인 교육을 통해 길러진 교육 전문가들이다.

필립스 엑시터도 입학사정관제를 통해 학생을 선발하는데 특별한 점이 있다면 전문 입학사정관들뿐 아니라 교사들도 참여한다는 점이다. 그만큼 다른 학교들에 비해 교사들이 입학에 미치는 영향이 크다. 입학사정관으로 일하게 된 교사는 1년 동안 정기적인 모임을 통해 교육을 받고 훈련 과정을 거친다. 그리고 이 일에 집중하기 위해 겨울 학기에는 수업을 하나 덜 맡게 된다.

필립스 엑시터에 입학하기를 원하는 학생들은 이러한 입학사정관제에 맞추어 여러 가지 서류를 준비해야 한다. 이 서류는 종합시험에 해당하는 SSAT(미국 사립중고등학교 입학시험) 점수, 학교 성적표, 봉사활동과 특별활동 내용, 교사의 추천서, 에세이, 인터뷰(생략하는 학교도 있다) 등으로 다양하게 꾸려 지며, 외국 학생일 경우는 토플 점수가 포함된다.

만약 지원하는 학생이 음악에 소질이 있다면 특별활동 내용으로 직접 연주한 곡이 담긴 CD나 DVD를 제출하거나 유튜브 링크를 제시하기도 한다. 연주 자료가 도착하면 담당 음악 교사는 이를 평가하여 견해서를 입학사정관들에게 전달한다. 이는 춤, 연기, 미술, 스포츠에 특기가 있는 지원자의 경우도 마찬가지인데, 학생들은 관련 내용이 담긴 DVD나 유튜브 링크를 제출하고 작품 포트폴리오도 첨부한다.

학생들은 여러 학교에 복수지원이 가능하기 때문에 자신이 원하는 만큼 얼마든지 많은 학교에 지원서를 낼 수 있다. 하지만 많은 사립학교의 입학 전형 방법이 조금씩 차이가 나고, 인터뷰를 비롯한 입학 준비에만도 꽤 많은 시간과 에너지가 필요하기 때문에 무한정 지원하지는 않는다.

이때, 미국 국적이 아닌 외국 국적의 학생들이 지원할 때 염두에 두어야 할 것들이 있다.

첫째는 영주권을 가진 학생이든 순수 외국인 학생이든 모두 국적 분류에서는 외국인 학생으로 간주되며 학교가 정한 외국인 학생 입학 허가 비율에 적용받는다. 즉 외국인 학생은 미국인 학생과 경쟁하지 않고 외국인 학생끼리 경쟁한다.

학교는 외국인 지원자 중에서 그해 학교가 정한 외국인 학생 입학 정원에 맞게 외국인 학생을 입학시키는데 필립스 엑시터의 경우 외국인 학생의 비율은 약 10% 이다.

외국인 학생들의 국가별 비율은 매년 조금씩 바뀌지만 지원자가 많은 한국과 중국 학생들이 외국인 학생 중에서는 가장 많다. 필립스 엑시터의 전체 1,100여 명 중 외국인 국적의 학생은 110명 정도인데 이 중 한국 국적의 학생은 약 50명 정도이다.* 앞서 말했듯 외국인 학생 중에서도 한국, 중국의 지원자가 다른 나라 국적을 가진 지원자보다 훨씬 많기 때문에 한국과 중국 국적 학생들끼리의 경쟁이 매우 치열하다.

한국 국적의 한국 학생이 필립스 엑시터에 지원을 한다는 것

---

* 미국이나 타국 국적을 가진 한인 교포는 여기에 포함되지 않는다.

은 사실 한국 학생들끼리 경쟁을 한다고 봐도 거의 틀린 말이 아닐 정도이다. 그 말은 곧 호주나 유럽에서 지원하는 외국 학생들보다 경쟁이 월등히 치열하다는 말인데 학교에서 두각을 나타내는 학생들 중 한국 학생들이 많이 포함되는 이유를 이것으로 유추해볼 수 있다.

둘째는 장학금 혜택이다. 많은 대학이 학생을 입학 심사할 때 그 학생이 장학금을 신청했는지를 알지 못하는 상태_{need blind}에서 평가한다. 또 장학금 여부가 합격 결정에 아무 영향을 미치지 않는다.

하지만 고등학교 입학 심사 과정은 그렇지 않다. 필립스 엑시터의 입학사정제에서는 만약 한 학생이 입학 심사 결과 모든 부분에서 높은 점수를 받아, 확실히 합격되는 그룹에 포함되면 장학금을 받을 수 있다. 즉, 미국인과 외국인을 구별하지 않고, 또 재정 지원이 많이 필요하건 적게 필요하건 따지지 않고 학교가 책임진다.

하지만 한 학생이 입학심사 결과, 합격을 고려할 만하지만 첫 번째 그룹에 포함될 만큼 우수하지 않다고 판정된다면 장학금을 신청한 유무에 따라 결과가 달라질 수 있다.

미국의 새 학기는 9월에 시작되지만 신입생 원서 접수는 일찌감치 시작된다. 필립스 엑시터를 포함해 대부분 사립학교의 입학 원서 마감일은 1월 15일이다. 이때면 필립스 엑시터에는 해마다 2,000명이 넘는 학생들의 지원서가 도착한다.*

이때부터 입학 사정이 시작되는데 보통 지원자 한 사람의 입학 서류를 세 명에서 다섯 명의 사정관들이 검토한 뒤 의견을 종합해 최종 판단을 내린다. 이는 학생 한 명 한 명의 재능이 묻히지 않도록 다양한 시각에서 공정하게 판단하기 위해서이다. 첫 번째 입학사정관은 지원 서류를 모두 검토해 소견서와 함께 등급 점수를 매긴다. 그 뒤 두 번째 입학사정관이 지원자의 서류를 다시 검토하여 소견서와 함께 점수를 매긴다. 이어서 세 번째 입학사정관이 같은 작업을 한다. 이때, 세 명의 입학사정관이 완전히 판이한 판단을 내리면 네 번째 입학사정관이 한 번 더 검토한다. 이러한 과정을 거치는 동안 한 학생이 눈에 띄게 높은 평가를 받으면 입학처장이 마지막으로 평가한다.

물론 모든 입학사정관은 지원자의 서류를 면밀히 검토하며, 앞선 입학사정관이 내린 판단은 따로 기록되어 각각의 입학사정관들이 독립적인 결정을 내리는 데 전혀 영향을 미치지 않는다.

나도 필립스 엑시터에서 마지막 3년간은 입학사정관으로도 활

---

* 9학년 250명, 10학년 50명 등 총 300명이 조금 넘는 학생들이 매년 입학과 편입을 한다. 300명이 입학하기 위해서는 약 400명이 합격했다고 보고(복수지원제로 인해 합격한 학생 100퍼센트가 필립스 엑시터를 선택하는 것은 아니므로) 경쟁률이 20퍼센트 안팎인 것을 감안할 때 적어도 약 2000개의 원서가 접수된다고 본다.

어셈블리 홀에서 학생과 교사, 교직원들이 한자리에 모인 가운데 발표를 하는 학생들

동했는데 내가 맡은 여러 가지 임무 중 이 일이 가장 힘들면서도 흥미로웠다. 매년 수천 명 학생들의 입학 서류를 공정하고 꼼꼼하게 평가하다 보니 작업량이 만만치 않을뿐더러 입학사정관의 평가에 따라 학생 한 명의 미래가 결정될 수 있다고 생각하니 부담감도 컸다.

그렇다고 예비 신입생들의 서류를 살피는 시간이 고되기만 한 것은 아니었다. 세계 각지에서 온 학생들의 빛나는 궤적을 살피다 보면 유쾌하고 행복하기도 했다. 필립스 엑시터에서 더 잘 갈고 닦아 빛이 나게 될 원석을 발굴하는 기쁨이란! 내가 직접 인재를 발굴하는 데 영향을 미친다는 사실이 뿌듯하게 느껴졌다.

예일대와 미시간대, UC버클리대의 입학처장을 역임했고 현재는 스탠퍼드대의 입학처장인 리처드 쇼는 얼마 전 한국을 방문해 입학사정관제에 대해 이렇게 말한 적이 있다.

"우리는 한국의 '개천에서 용 난다'는 표현을 좋아한다. '개천의 용'과 같은 학생들을 선발하는 것이 바로 입학사정관의 역할이다."

이 말은 필립스 엑시터의 학생 선발에 대한 가치 또한 잘 설명해 주고 있다.

필립스 엑시터가 이렇게 입학사정관제를 운영하는 이유도 바로 '개천의 용'을 찾기 위해서이다. 그리고 이를 실현하고자 무엇보다도 자료 속에 숨겨진 학생들의 인생사를 살핀다. 개개인의 인생사 속에 녹아 있는 크고 작은 사건들은 성적표가 담아내지 못하는 학생의 학업성취도나 잠재된 능력을 말해 준다고 판단하기 때문이다. 가령, 지원자 중에 부모를 잃었거나 경제적 위기를 겪었을 때 학생의 신분으로 아르바이트를 하며 집안을 도운 경험이 있는 학생이 있다면, 이 학생이 특별활동 경험이 부족하다 할지라도 장차 지역사회에 봉사하는 이타적인 학생으로 성장할 가능성이 크다고 평가하는 것이다.

요즘 한국에서는 '개천에서 용 나는 일은 없다'는 말로 사교육에 얽매여 있는 교육 풍조를 꼬집는다고 한다. 수치화된 기준으로 학생을 뽑는다면 명문학교 출신이나 특정 인종과 계층에 속하는 학생들만 선발될 확률이 높다. 정말 천재적인 두뇌를 타고나지 않는 한 아이들은 자라 온 환경에 의해 성적마저 좌우되기 때문이다.

필립스 엑시터는 입학사정관제를 통해 주어진 여건을 최대한 공평하게 두고 그 아이가 진짜 맨몸으로 발휘할 수 있는 능력, 앞으로 자라날 수 있는 가능성을 알아내는 데 집중한다. 이를 통해 '개천의 용', '진흙 속의 진주'와 같은 학생을 발굴하고자 한다.

SSAT 점수가 말해 주지 않는 것

내가 만난 학생 중 빈센트도 필립스 엑시터의 입학사정관제를 통해 입학한 경우였다. 빈센트는 그랜드 캐니언이 있는 애리조나 주의 인디언 보호구역에서만 살아오다가 필립스 엑시터의 문을 두드렸다. 빈센트는 오랜 세월 그곳에서 살면서 가난해서 의료 혜택을 못 받는 사람들을 많이 보아 왔다고 한다. 그래서 어려운 환경 속에서도 의사의 꿈을 키워 왔고 학업에 대한 열정을 놓지 않고 최선을 다해 왔다.

그런데 빈센트의 학과 성적은 그런대로 우수한 수준이었지만 안타깝게도 SSAT 점수가 엑시터 입학생들의 평균에 모자란 상태였다. 또 가정환경이 어려워 레슨 한번 받을 수 없었던 터라 어느 지원자나 하나쯤은 할 수 있었던 연기 연주도 할 줄 아는 것이 없었다.

하지만 빈센트에게는 더 값진 것이 있었다. 돈 없이도 할 수 있는 마을 봉사활동에는 최선을 다했다는 기록이었다. 결국 필립스 엑시터는 빈센트를 선택했다. 그것도 전액 장학생으로. 빈센트의 시험 성적만으로는 결코 얻을 수 없는 결과였다.

바이올린 연주에 재능을 지닌, 체코에서 온 에리카라는 학생이 있었다. 에리카는 외교학을 공부하고 싶어 했지만 음악에 대한 열정도 대단한 아이였다. 입학사정관들의 시선을 모은 것도 시험 성적보다 바이올린에 대한 에리카의 열정이었다.

에리카의 어머니는 바이올린 전공자였고 어려서부터 에리카에게 바이올린을 가르쳐 주었다. 그런데 어머니는 에리카가 초등학생일 때 그만 교통사고로 세상을 떠났다. 어머니를 여읜 에리카는 바이올린을 연주할 때마다 어머니의 숨결을 느낀다고 했다. 그래서 늘 바이올린을 손에서 놓지 않고 살아왔다.

에리카는 학교 성적도 매우 우수했지만 시험 성적만 놓고 본다면 더 우수한 학생에게 밀려났을 수도 있다. 하지만 입학사정관의 눈에는 에리카가 바이올린에 대해 갖고 있는 열정이 시험성적보다 더 가치 있게 보였다. 입학사정관들은 에리카의 열정이 자신의 꿈을 이루기 위한 방향으로 옮겨지면 분명 훌륭한 외교관이 될 수 있을 거라 믿었고 결국 필립스 엑시터는 에리카를 신입생으로 맞이했다.

필립스 엑시터가 빈센트와 에리카에게서 발견한 것은 가능성과 잠재력이었다. 가능성과 잠재력은 SSAT 점수만으로 결코 알 수 없는 것이다.

이것이 열네 살 아이의 수준인가

필립스 엑시터에 지원하는 학생들의 수준은 대단하다. 음악에 소질이 있는 학생들의 경우만 봐도 알 수 있다. 지원자들은 대체로 초보부터 월등한 수준에 이르기까지 다양한 실력을 자랑하지만 이 가운데서도 종종 열네 살 학생의 수준이라고 믿기지 않을 만큼 대단한 실력을 갖춘 학생들도 있다. 이 학생들은 당장 음악 대학에 지원해도 될 정도로 천재적인 기량을 자랑한다.

2009년도에 지원한 네이던은 세계 최고의 연주홀 중 하나인 뉴욕 링컨센터 에브리 피셔홀에서 연주한 자신의 오케스트라 곡을 DVD와 함께 보내왔다. 네이던의 연주는 이제 중학교를 졸업하는 학생의 수준이라고 도저히 믿을 수 없는 수준이었다.

미시간에 살고 있는 죠이스는 이미 자신이 살고 있는 지역의 전문 오케스트라와 바이올린 협연을 한 경험이 있었고, 필라델피아에서 지원한 윤지와 플로리다에서 지원한 제이콥은 피아노 협연으로 신문에 이름이 실리기도 했다. 크리스처럼 바이올린, 비올라, 첼로를 모두 중급 이상으로 다루는 지원자도 있었다. 물론 취미 수준에서 악기를 연주하면서 학교 밴드나 오케스트라 멤버의 경력을 가진 지원자들도 대단히 많았다.

2010년도 지원자 중에는 룰루라는 중국인 아이가 있었다. 룰루는 직접 작곡한 곡들과 이를 연주한 DVD를 보내왔는데 이를 보고 깜짝 놀랐던 기억이 있다. 룰루의 곡은 그 자체로 대학원 작곡과 학생들에게서나 볼 수 있는 현대적인 음악기법을 활용한 매우 성숙한 작품들이었다. 또 DVD에 담긴 피아노를 치는 룰루의 모습은 전문 연주자처럼 능숙할 뿐 아니라 몸짓에서도 마치 음악에 홀린 듯한 열정을 볼 수 있었다.

룰루의 연주를 보고 딱 한마디가 머릿속에 떠올랐다. 천재다! 룰루의 작곡 기량과 연주는 다른 말로는 표현하기에 힘들 만큼 감탄스러웠다.

하지만 예술 재능이 뛰어나다고 해서 무조건 입학이 되는 것은 아니다. 분명 장점으로 작용하지만 다른 부분에서 미흡해 필립스 엑시터에 적합하지 않다고 판단되면 입학이 허락되지 않는다. 놀랄 만한 음악 실력을 갖춘 룰루도 다른 부분이 미흡하다는 판단 때문에 안타깝지만 필립스 엑시터에 입학하지 못했다.

필립스 엑시터에서 입학사정관으로 일하며 수많은 학생들이 보내온 지원서를 검토했다. 나는 그때마다 '과연 이것이 열네 살 아이의 수준이란 말인가'를 되뇌며 새삼 감격스러워 했다.

자기소개서에 담긴 열정을 보다

필립스 엑시터의 입학사정관들은 학생들의 열정에 주목한다. 열정은 타인을 움직이는 힘을 지니고 있기 때문이다. 학생들은 자기소개서를 비롯한 특별활동 경력, 추천서, 그리고 인터뷰를 통해 자신의 열정과 잠재력을 구체적으로 표현할 수 있다. 그렇다면 필립스 엑시터는 이러한 자료로 어떻게 학생들의 잠재력을 살피고 있을까?

첫째, 필립스 엑시터는 자기소개서를 통해 기본적으로 학생이 어떻게 성장해 왔으며, 어떤 곳에 흥미를 느끼고 있는지, 또 어떠한 장점을 지니고 있는지를 파악한다. 하지만 이것이 다가 아니다. 필립스 엑시터의 입학사정관들은 '눈에 띄는' 자기소개서를 높이 평가한다. '눈에 띈다'는 것은 요란하게 소개서 용지를 꾸미거나 화려한 이력을 늘어놓은 것이 아니다. 내가 왜 이 학교에 진학하고자 하는지, 이 학교를 통해 내가 어떤 것을 얻고, 어떻게 성장하고 싶은지 등을 재미있고 개성이 넘치게 표현하는 것을

필립스 엑시터의 졸업식에서 하얀 드레스를 입은 여학생과 멋진 양복을 차려입은 남학생들이
지난 4년간의 시간을 떠올리며 미소 짓고 있다.

말한다.

열네 살 지원자들이 눈에 확 띌 만큼 특별한 인생을 살아왔을 리는 없다. 아프리카 오지 부족들 틈에서 자랐거나 어렸을 때부터 환경 운동을 해 온 이력을 가질 확률은 아주 낮다. 특히나 필립스 엑시터에 입학하기를 원하는 학생들은 대부분 중산층 이상의 가정에서 모범생으로 자라 온 아이들이 많다. 하지만 그렇다고 아이들이 자신을 소개할 때 '나는 그저 부모님을 잘 만나서 별다른 어려움 없이 학원과 집, 도서관을 오가며 자라 왔고 덕분에 이렇게 좋은 성적을 가지고 필립스 엑시터에 입학하려고 한다'고 말한다면 입학사정관들은 여기서 학생의 열정과 개성을 느낄 수 없다. 매우 단순한 인생을 살아온 것 같은 열네 살 소년의 삶 속에도 무언가 특별함이 하나씩은 있을 수 있다. 앞서 소개한 빈센트처럼 어떤 상황에서도 포기하고 싶지 않은 꿈을 가지고 있을 수도, 에리카처럼 악기에 대한 열정을 지녔을 수도 있다.

필립스 엑시터는 단순한 삶이지만 학생들이 그 속에서 가장 빛나는 가치, 남들과 구별되는 특별한 장점을 발견하고 이를 재미있고 멋지게 표현하기를 바란다. 빈센트와 에리카처럼 내 안의 빛나는 가치가 잘 부각된다면 필립스 엑시터는 그 이야기에 귀 기울일 준비가 되어 있다.

학생들은 자기소개서를 제출할 때 자신이 직접 쓴 원본을 필히 첨부해야 한다. 한국인 지원자들 중 간혹 유학원이나 다른 사람에게 자기소개서를 부탁하는 경우도 있다. 자기소개서를 통해 그 사람의 개별성을 보고자 하는데 타인이 대신해 준다면 어떻게 그 사람을 평가할 수 있을까? 이를 막기 위해 어떤 사립학교에서는 캠퍼스 인터뷰의 한 과정으로 자기 소개서와 비슷한 글쓰기 시험을 보는 곳도 있다. 입학사정관들은 자기소개서를 통해 정보를 아는 것에서 나아가 그 사람의 감성과 의지, 열정을 보려 한다. 그렇기 때문에 서툴러도 자신의 마음을 있는 그대로 직접 담아내는 것이 중요하다.

둘째, 필립스 엑시터는 특별활동을 통해 학생들의 예체능활동, 봉사활동, 취미활동과 관련된 경력 사항을 파악한다. 이를 통해 지원자가 어떤 부분에 열정을 갖고 있는지, 또 얼마나 꾸준히 활동해 왔는지를 짐작할 수 있다.

그렇다고 필립스 엑시터의 입학사정관들이 특별활동 경력을 평가할 때 그저 화려한 이력, 다양한 경험만을 최고로 치는 것은 아니다. 학교 환경이 열악하거나 가정형편이 좋지 않은 경우 그런 활동의 기회조차 얻지 못하는 학생도 있기 때문이다. 그래서 특별활동을 심사할 때 표면적인 수상 경력과 활동 경력이 없더라도 학생이 지닌 왕성한 호기심과 열정을 살펴보고 그것을 평가하려 애쓴다.

셋째, 필립스 엑시터는 추천서에도 관심을 기울인다. 미국에서는 직장을 옮길 때도 이전 상사의 추천서가 막대한 영향력을 미칠 만큼 하나의 제도로 자리 잡고 있다. 추천서를 통해 필립스 엑시터는 지원자가 공동체에서 어떤 역할을 했으며, 어떤 평가를 받는지를 알 수 있기 때문이다. 또 자기소개서가 주관적인 관점에서 작성되는데 반해 추천서는 객관적으로 작성되므로 더욱 신뢰할 수 있다.

추천서의 경우는 주로 영어, 수학, 과학 분야의 아카데믹한 과목의 교사와 음악, 미술, 체육 등 예체능 과목의 교사가 작성한 것을 요구하는데 무엇보다도 담임 교사의 추천서가 결정적인 역할을 한다. 만약 담임 교사가 없거나 매우 형식적인 역할만 하는 경우에는 교장 선생님의 추천서를 받도록 한다. 성적이 아무리 좋고 경력이 훌륭해도 추천서가 좋지 않으면 십중팔구 그 학생은 입학하지 못한다. 그만큼 교사의 추천서는 영향력이 크다.

이러한 추천서를 평가할 때 입학사정관들은 교사와 학생과의 관계에 대해서도 관심을 가진다. 학생을 오랫동안 가르쳐 왔고 잘 지켜봐 온 사람이라면 그만큼 신뢰를 하지만 그렇지 않은 관계라면 추천서가 아무리 멋진 말로 가득하다 하더라도 고려 대상에서 밀려나게 된다.

미국에서는 추천서를 의뢰받은 교사가 거짓 없이 소신대로 쓰는 것을 당연하게 여긴다. 간혹 추천서를 부탁하는 학생에 대해 좋은 글을 써 줄 수 없겠다는 판단이 든다면 대부분의 교사는 학생에게 솔직하게 말하는 편이다. 내가 써 주는 추천서는 도움이 되지 못할 텐데 너를 더 잘 아는 다른 분이 쓰는 것이 더 좋지 않겠느냐고 말이다. 학생을 제대로 평가할 수 없거나, 혹은 이미 좋지 않은 평가를 내리고 있으면서도 거짓으로 그럴싸한 추천서를 쓰는 교사를 나는 지금까지 만나 보지 못했다.

눈에 보이는 시험 성적과 자기소개서, 특별활동 내용, 추천서가 화려하다 하더라도 마지막으로 인터뷰에서 학생의 진심이 느껴지지 않는다면, 그 모든 이력이 신뢰를 얻지 못한다. 그래서 마지막으로 필립스 엑시터의 입학사정관들은 인터뷰 리포트를 면밀히 살핀다.

입학사정관들은 인터뷰를 통해서 지원자가 어떤 사람인가를 오감으로 느끼고자 한다. 이 말은 입학사정관들이 인터뷰할 때 귀로만 듣고 머리로만 판단하는 것은 아니라는 뜻이다. 표정이나 태도, 시선이나 말투 등 모든 것에서 그 학생이 지닌 매력을 느끼려 애쓴다. 그렇기 때문에 학생이 평소 지닌 생각과 가치관, 풍기는 이미지가 많은 영향을 미친다. 그래서 입학사정관들은 편안한 분위기 속에서 학생이 자신의 모습을 그대로 보여줄 때 더욱 집중한다. 가장 좋은 인터뷰는 편안하고 자연스러운 대화이기 때문이다.

필립스 엑시터는 토론이 중심이 된 하크네스 수업이 핵심이기 때문에 말로 자기 생각을 제대로 표현하는 능력을 무엇보다 중요하게 여긴다. 물론 인터뷰 경험이 없고 쉽게 긴장하는 어린 학생들의 사정을 감안하지만, 그래도 학교의 특성상 기본적으로 자신의 생각을 잘 전달하는 학생, 전달하려고 노력하는 학생에게 더 주목한다.

필립스 엑시터의 입학사정관들이 학생과 학부모를 인터뷰할 때 주로 묻는 질문들은 크게 네 가지로 나눌 수 있다. 입학사정관들은 이를 통해서 지원자가 입학 후 기대할 만한 성장을 할 수 있는지를 가늠한다.

첫째, "자신에 대해 소개해 주세요"라는 질문이다. 한편으로는 막막한 질문이지만 학생이 자기 자신을 어떻게 소개하는지, 또 학업과 진로에 대해서 어떻게 생각하는지를 볼 수 있다

둘째, "갑자기 많은 돈(또는 시간)이 생긴다면 어떻게 쓸 것입니까?"라는 식의 질문이다. 조금은 돌발적인 질문이지만 학생의 평소 가치관, 삶의 목표, 생활 및 학습 패턴 등을 파악할 수 있다. 또 학생이 독창적인지 창의적인지 유머가 넘치고 여유로운지도 살펴볼 수 있는 질문이다.

셋째, "감명깊게 읽은 책은 무엇이며 그 이유는 무엇인가요?"라는 식의 질문이다. 뻔한 물음이라고 느껴질 수도 있지만 오히려 그렇기 때문에 지원자 자신만의 독창적인 생각이 있는지, 또 책이나 관련 주제에 대해 진지하게 생각해 보았는지를 알 수 있다.

넷째, "필립스 엑시터에 대해 어떻게 생각하나요?"라는 질문이다. 지원자의 가치관과 인성 성숙도, 창의성 외에도 학교에 대

한 관심을 엿보고 앞으로의 학교 생활에 대한 가능성을 짐작해 보고자 하는 것이다.

이외에도 입학사정관들은 학부모와도 짧은 인터뷰를 나눈다. 학생의 가족관계, 가정환경, 기숙사 생활에 대한 적응 여부 등을 파악해 학부모와 학생이 학교에 대해 얼마나 잘 이해하고 있으며, 학생이 학교에 입학할 경우 성장할 가능성을 파악하고자 한다. 부모님 인터뷰 때문에 학생이 불합격되는 일은 없겠지만, 입학사정관들은 이왕이면 학교와 협력 관계를 이룰 만한 가정에 더 관심을 보인다.

이렇듯 필립스 엑시터는 기본적으로 성적 외에도 자기소개서와 특별활동 내용, 추천서 그리고 인터뷰 등을 동원해 한 가지 잣대에서가 아니라 총체적인 시각에서 학생을 판단한다. 그리고 이것은 '학생이 지금까지 어떤 결과물을 창출했나?'를 평가하는 것이 아니라 '앞으로 어떤 결과를 창출해 낼 인재인가?'에 더욱 초점이 맞춰져 있다. 이것 역시 필립스 엑시터의 교육 철학이 낳은 기준이다.

필립스 엑시터는 객관적인 결과물은 다소 부족하더라도 잠재력이 뛰어난 학생, 우리 학교에서 교육 과정을 잘 소화할 능력이 있다고 믿음이 가는 학생, 학교의 구성원으로서 커뮤니티에 이바지하고 동료 학생들의 성장에 도움이 될 학생, 또 졸업 후 인성을 갖춘 인재로 성장할 수 있는 학생을 선발해 이들과 함께 성장해 나가기를 꿈꾼다.

인재의 정의에 따라 교육의 방법이 달라진다. 자신의 유익보다 타인과 사회를 위하는 'Non Sibi' 정신을 갖춘 모습이야말로 필립스 엑시터가 추구하는 인재상이다. 정보만 전달 받는 것이 아니라 함께 배우고 답을 발견해 가는 협력의 수업이 이루어지는 곳, 급우의 의견을 존중하며 자신의 시간과 재능을 나누어 공존의 의미를 배워가는 필립스 엑시터는 그러한 인재를 키우기 위해 전력을 기울이고 있다.

。。。

하버드 재학 시절, 멘토 한 분이 내게 물었다.

"넌, 네 장점이 뭐라고 생각하니?"

난 은근히 텍스트 분석 능력이라든지 다양한 토픽의 연관성을 꿰뚫어 보는 능력을 떠올리며 평소 나 스스로도 높게 평가하는 학습 능력이나 총명함에 대한 답을 떠올리고 생각했다. 그러나 그분이 던져 주신 대답은 의외였다.

"너의 가장 큰 장점은 바로 '티처블teachable하다'는 점이야." 그 때 그 말씀은 내 기대와 달라서인지 지금도 자주 생각이 난다. 나는 그분의 대답을 들었을 때, 과연 채찍인지 칭찬인지도 구별할 수 없었다. 그리고 그다지 특별하게 느껴지지 않아 내심 서운한 마음도 들었다.

지금 생각해 보면 '티처블하다'의 뜻은 이렇게 풀이될 수 있을 것 같다.

가르칠 만하다.

배울 준비가 되어 있다.

배우고 싶어 한다.

배우기를 즐거워한다.

고정관념을 내려놓고 새로운 것을 받아들이려는 용기가 있다.

가르침을 존중할 줄 안다.

깨달은 바를 행동으로 옮기려는 노력이 있다.

새로운 것을 배우려고 하는 도전 정신이 있다.

성장 마인드셋을 가지고 있다.

지금에서야 이 말이 칭찬이었다는 생각이 든다. 이 말은 내게 '배움'이란 단순히 하버드라는 학벌을 따거나 사회에서 인정하는 최고의 라벨을 얻는 데서 멈추는 것이 아니라는 사실을 일깨워 주었기 때문이다.

나는 그때 멘토가 전해 준 말처럼 앞으로도 '배우고 싶어하는' 마음으로 살기를 원한다. 그리고 가르치는 사람으로서 학생들 또한 자신에게 주어진 삶의 모든 영역을 배우는 자세로 즐길 수 있도록 인도하고자 한다.

부족한 책을 세상에 내어놓는 것 역시 또 하나의 배움이라는 생각으로 이 글을 마무리하고자 한다. 이 책을 위해 많은 자료를 제공해 주신 필립스 엑시터의 스탭들, 특히 론 킴 교무처장님과 커뮤니케이션 오피스에 감사드린다. 필립스 엑시터에 있을 때부터 좋은 친구였던 오그레이디 선생님과 유안 선생님이 책을 위해 대화와 문서로 생각을 나누어 주신 데 감사드린다. 멘토가 되어 주신 필립스 엑시터 과학부의 모든 선생님들과 캘리포니아 뱁티스트 대학의 동료 교수님들, 그리고 졸업 후에도 조언과 도움을 주신 하버드 의대 로자린드 교수님이 계시지 않았다면 이 책은 태어날 수 없었다. 특히 학생들을 지적, 영적, 전인격적인 존재로 대하도록 가르쳐 주신 데 대해 감사한다. 동료들만큼이나 내게 큰 가르침을 준 내 학생들에게도 감사하다는 말을 전한다.

마지막으로, 지금은 하늘나라에 계신 할머니는 본인은 험한 시대에 태어나셔서 초등학교 졸업에 그치셨지만 자손들의 교육이라면 무엇보다도 중요하게 생각하셨다. 일찍부터 "너는 교수가 되겠구나"라고 격려하시며 "하버드에 들어갔다는 사람은 많아도 졸업 잘했다는 사람은 많이 못 들었다. 끝까지 열심히 해라"고 채찍질해 주셨다. 그런 나의 할머니께 이 책을 바친다.

2014년 시카고에서
최유진

1995년, 한국에서 대학을 마치고 미국으로 유학을 떠날 때만 해도 공부를 다 마치면 다시 한국으로 돌아올 계획이었다. 박사과정을 끝내면 한국으로 돌아와 교수가 되고 싶었던 막연한 바람 때문이었다. 그때 나는 가르치는 위치에 대한 꿈은 있었지만 정작 '어떠한 배움을 전하는 사람이 될 것인가?'에 대해서는 제대로 생각해 보지 못했다. 하지만 미국에서 공부하면서, 아내를 만나 결혼하면서, 그리고 교단에서 학생들을 만나면서, 내 고민은 조금씩 깊어 졌다.

필립스 엑시터 아카데미에서 4년간 교사로서 몸담았던 시간은 교육과 가르침에 대한 내 고민에 답하는 황금과도 같은 경험이었다. 이곳에서 나는 교사의 역할이 학생들을 '가르치는' 것이 아니라 학생들이 '알도록 돕는' 것이라는 소중한 깨달음을 얻었다. 또 미래 교육의 가치는 이타적 품성을 기르는 인성 교육에 있으며 하크네스 테이블의 가치가 바로 여기에 있다는 사실도 알게 되었다. 지금은 필립스 엑시터 아카데미에서 대학으로 강단을

옮겼지만 그곳에서 깨달은 교육적 가치를 대학에서도 꽃피우고
자 노력하고 있다.

　교육에 있어 나 역시 앞으로 배우고 깨달아야 할 것이 훨씬 더
많을 것이다. 하지만 나는 스스로 사고하고 토론하는 과정을 통
해 주체적인 인재를 키워 내는 필립스 엑시터에서 가르쳤던 경
험을 부끄러움을 무릅쓰고 책에 옮겨 보았다. 한국의 교육 환경
과는 다른 점이 많지만 이 이야기가 독자들이 교육에 대해 다시
한번 생각해 보는 계기가 되기를 기대해 본다.

　코흘리개 학생이 지금은 교단에 서 있다. 교단이라는 것이 단
순히 하나의 좌표가 아닌 지성과 감성 그리고 인성이 어우졌을
때 설 수 있는 것임을 깨닫게 해 주신 많은
나의 선생님들께 이 책을 바친다.

2014년 시카고에서
장재혁

서울에서
하버드를 지나
필립스 엑시터까지

여기 부록에 실린 내용들은 어린 시절 필재(최유진)가 한국에서 공부했던 기억과 초등학교 졸업 후 미국에서 이민생활을 시작하면서 겪었던 공부에 대한 경험들이다. 학창 시절, 공부하는 습관이 어떻게 형성되었는지, 이민 후 언어의 벽에 부딪히면서 겪었던 어려움을 어떻게 극복해 냈는지, 어떠한 과정을 밟으며 학업에 매진하게 되었는지 등 지극히 개인적인 모습이 담겨 있다. 이 글을 통해 독자들과 조금이나마 교감할 수 있기를 기대해 본다.

1. 공부가 재미있다

여의도 초등학교 시절

어린 시절을 떠올리면, 제일 먼저 드는 기억이 빽빽한 아파트 숲을 가로질러 원효대교 아래에 있는 횡단보도를 건너 여의도 초등학교로 등교하던 모습이다. 키가 커서 항상 뒷자리에 앉았던 나는 공부와 관련된 것이라면 무엇이든 좋아했다. 새로운 지식을 배우는 것도, 그것을 외워 내 머릿속에 간직하는 것도 재미있고 즐거웠다. 대신 몸을 움직여야 하는 것에는 소질이 없었다. 체육은 물론이고 고무줄놀이, 공놀이, 공기놀이도 잘 못했다. 타고난 몸치에다 손재주도 없었고 은근히 겁도 많았던 탓이다. 그래서인지 혼자 책을 읽는 시간을 더 좋아했다.

당시 여의도는 학구열이 높은 곳이었지만, 지금처럼 학교 끝나기가 무섭게 과외 학원으로 달려가야 하는 시절은 아니었다. 아이들은 주산을 배우거나 피아노나 태권도, 바둑과 같은 예체능 분야를 배웠다. 나는 그 마저도 학원에 다니지 않았다. 피아노는 어머니에게, 미술은 고모에게 배웠다. 그 외에는 한 아파트에 살고 계시던 선생님이 집에서 주산을 가르치던 '학원'을 한두 달 다닌 것이 전부였다.

부모님은 내게 특별히 공부를 강조하지는 않으셨지만 책과 친하게 지내도록 하셨다. 또 일기 하나만큼은 매일 쓰는 습관을 기르도록 하셨다. 일기는 그날 하루 일들 중 기억에 남는 일들을 한두 문장 정도로 짧게 썼는데 맞춤법이 틀리면 어머니가 교정해 주셨다. 어쩌다 일기 쓰는 것을 지루해하면 어머니는 '아빠', '자동차' 같은 주제를 정해 주시기도 했다.

독서광

초등학교 고학년 시절, 간혹 수업이 없는 날이면 아버지는 출근길에 나와 친구를 을지로에 있는 대형 서점에 데려다 주셨다. 친구와 나는 둘 다 독서광이라 점심도 서점 안에서 사 먹으며 하루 종일 그곳에서 책을 읽으며 놀았다. 저녁 무렵이면 우리를 데리러 오시는 아버지를 만나 제일 보고 싶은 책 한 권을 살 수 있었다.

글을 읽지 못하던 때도 인형보다는 책으로 블록을 쌓거나 책장을 찢으며 노는 것을 좋아했지만, 이 무렵부터는 백과사전이며 고전 등 여러 종류의 책을 닥치는대로 섭렵했다. 어른이 된 지금도 그렇게 보낸 하루가 머릿속에 선명하게 남아 있을 만큼 내 어린 시절의 강렬한 기억들이다.

그때 같이 서점에 가던 친구는 고려대 공대 과수석 입학, 조기 졸업을 거쳐 만 26세에 MIT 박사가 되었으니 어린 시절 독서 버릇이 중요하기는 중요한 게다.

한자 공부

책읽기 다음으로 내가 좋아한 것은 한자 공부였다. 어머니 말씀에 따르면 나는 다섯 살 때부터 천자문으로 한자를 공부해 초등학교 4학년까지 계속했다. 어린 생각에도 한자의 뜻과 모양이 서로 유기적으로 연결되어 있는 것이 어찌나 신기하던지. 나는 한자의 매력에 푹 빠져들었다. 그때 어머니는 아침에 집으로 신문이 배달되면 나 혼자 힘으로 제목에 있는 한자를 읽게 하셨는데 혼자 힘으로 한자의 음과 뜻을 맞힐 때면 더없이 뿌듯했다.

한번은 초등학교 5학년 기말고사에 '바다 멀리 나가서 고기를 잡는 일'을 네 글자로 답하라는 문제가 나왔다. 분명 수업 시간에 배우지 않은 내용이었지만 나는 한자의 뜻을 추측하여 '원양어업'이라는 답을 만들어 냈다. 이것은 지금도 기분 좋은 기억으로 남아 있다.

한자 공부를 하면서 알게 된 '어원'에 대한 관심은 미국에서 중고등학교를 지나면서 더욱 진지해졌고 영어 공부를 하는 데도 큰 도움이 되었다. 여러 단어가 하나의 뜻을 의미하는 어근에서 파생되어진 것을 이해했으며, 이를 이용해 영어 단어를 공부하는 나름의 방법도 터득하게 되었다.

과제물을 넘어

초등학교 5학년 때 88올림픽이 개최되었다. 선생님은 방학 숙제로 올림픽에 참가하는 나라에 대해서 조사하고 이것을 스크랩으로 만들어 오라고 하셨다. 나는 각 나라별로 그 나라의 국기를 비롯해 종교, 음식, 문화, 역사에 대해 조사하며 당시 제일 큰 스케치북 두 권에 해당하는 장대한 스크랩을 만들었다. 학교에서 요구한 것은 그렇게까지 '거대한 프로젝트'는 아니었다. 하지만 그저 더 알고 싶고 더 완벽하게 정리하다 보니 그 재미에 빠져들어서 숙제를 작품으로 완성하게 된 것이었다.

한자와 어원에 대한 지속적인 관심과 과제물에서 요청하는 것 이상으로 무엇인가를 파고드는 성향. 지금 생각해 보면, 이것은 켄 베인 교수가 말하는 '심층적 학습'의 모습이었다. 학년이 올라가면서 그런 열정과 태도를 유지할 여유가 없었지만, 그 시기가 지나고 다시 시간적 여유가 주어졌을 때, 나는 심층적으로 학습하던 모습으로 돌아갈 수 있었다. 그리고 어린 시절에 만들어진 이 습관에 참 감사했다.

글을 익힌 이후부터 초등학교를 졸업할 때까지 내게 공부는 놀이처럼 그저 즐거운 것이었다. 잘하고 싶다는 욕심은 있었지만 공부가 힘들지는 않았다. 그래서 미국으로 이민을 떠날 때도 학업에 대해 큰 두려움이 없이 그저 늘 하던 대로 하면 되겠지 하는 마음뿐이었다.

2. 전략 없이 시작된 미국의 학교생활

미국으로의 이민

1990년 3월 2일, 우리 가족은 캘리포니아 땅에 처음 발을 내딛었다. 외가 가족들은 이미 20년 전부터 캘리포니아 오렌지 카운티Orange County에 자리를 잡고 있었는데 그곳으로 우리 가족 모두가 이주하게 된 것이었다.

오렌지 카운티는 학군이 좋아 일찍이 한국인들이 많이 정착한 곳이었다. 한국인들은 자녀 교육을 중요하게 여기기 때문에 좋은 학군에 자리 잡는 경우가 많고, 이를 토대로 점점 더 많은 한국인들이 모이게 된다. 이렇게 모인 가정의 한국인 자녀들은 대부분 공부를 잘하는 편이라 시간이 지날수록 이 지역 학군은 더 좋은 평판을 얻게 된다.

나는 오렌지 카운티에서 미국에서의 첫 학교 생활을 시작하게 되었는데 3월 초, 막상 학교에 등록을 하려니 6학년으로 해야 할지 7학년으로 해야 할지가 애매했다. 미국에서는 9월을 기준으로 학년을 결정하기 때문에 6월 생일인 나는 7학년으로 입학하는 것이 정석이었다. 하지만 그때가 이미 7학년 교과 과정이 겨우 3개월밖에 남아 있지 않은 상태라 망설여졌다. 결국 부모님은 한국에서 이미 거친 6학년을 반복하는 것보다는 7학년에 등록하는 것으로 결정하셨다.

나중에 알고 보니 이런 경우 유학생들은 대학 입시 전에 영어를 충분히 배울 수 있도록 1년을 늦춰 미국 학교에 들어가는 것이 일반적이었다. 우리 가족은 이런 정보를 전혀 몰랐기에 나는 그저 나이에 맞춰 7학년으로 입학하게 되었다.

첫 미국 학교

팍스 주니어 하이스쿨Parks Junior High School은 내가 미국에서 처음으로 다닌 학교이다. 학교에 처음 간 날, 건물만 보고도 설레었다. 단층 건물 가운데에는 작은 도서관이 있었고 그 주위를 교실이 둘러싸고 있었다. 건물 안에는 카페트가 깔려 있었는데 4층짜리 콘크리트 건물이었던 한국의 학교와 비교하면 참 아늑하게 느껴졌다.

부모님은 미국으로 이주한다고 해서 특별히 영어 과외를 시킨 것도 아니고, 미국 교육에 대한 정보를 찾아보신 것도 아니었다. 마치 이웃 도시로 이사 가는 마음으로 이민을 온 것이라 나의 새 학교 생활 역시 그런 마음으로 시작되었다. 멋진 건물을 보고 기대감만 가득 안은 채 말이다. 이제 와 생각해 보면 참 순진한 시도였다.

서툰 영어

새로운 학교에서의 처음 몇 달은 충격과 적응의 나날이었다. 한국에서는 중학교부터 과목마다 다른 선생님이 직접 교실을 찾아오신다고 알고 있었는데, 여기서는 선생님이 아니라 학생이 과목에 따라 교실을 이동했다. 그것도 학생들이 각자의 능력과 관심에 따라 수강 과목을 정하기 때문에 같은 반 학생들도 저마다 다른 수업 시간표에 맞추어 담당 과목 선생님의 교실을 찾아가야 했다. 그렇지 않아도 낯선 환경 속에서 매 시간 수업을 듣는 친구들까지 달라지니 학교생활에 적응하기가 더 힘들었다.

그래도 한국에서라면 대학에 가서야 경험할 수 있는 수업 시스템을 미리 경험하게 되어 마치 어른이라도 된 듯한 기분이었다.

시간이 지나면서 나는 새로운 시스템과 자유로운 수업 분위기에 조금씩 적응되어 갔다. 하지만 한두 달이 지나도 영어는 쉽게 늘지 않았다. 영어라면 6학년이 되어 처음 배우기 시작한 학교 수업 외에 따로 과외를 받은 적도 없었기에 내 영어 수준은 그야말로 바닥이었다. 한국에서 나는 공부에 관해서는 무엇이든 잘하는 것이 몸에 배어 있던 아이였다. 어린 나이였지만 자존심이 강했던 내가 미국 학교에서 오직 영어가 안 된다는 이유로 바보 취급을 받으니 부끄러운 마음이 너무도 컸다.

날 무시하지 마

어떤 선생님들은 수업 시간에 좀 더 큰 소리로 얘기하면 내가 알아듣겠지 하는 생각에 목소리를 높여 말했는데 어린 마음에는 그것마저도 부끄러웠다. 특히 내 눈에는 한국 사람으로 보이는 교포 2세들이 나를 무시하거나, 미국에 1, 2년 먼저 온 한국 아이들이 놀리는 것은 정말 받아들이기 힘들었다.

말은 알아듣지 못해도 나를 무시하는 몸짓이나 비웃는 말투는 눈치챌 수 있었기에 내 이야기를 하는 아이들을 힐끔거리며 혼자 입술을 깨물고 앉아 있었던 기억, ESL English as a second language. (비영어권 학생들을 위한 영어학습프로그램) 시간에 실력이 고만고만한 친구들과 앉아 유치원생용 그림책을 보면서도 이를 잘 읽지 못 해 속상했던 기억은 아직까지도 너무 생생하다.

시간이 지나자 귀가 조금 트이기 시작했지만 어려움은 여전했다. 어느 날 세계사 시간, 선생님의 질문에 아무도 답을 못한 채 지루한 몇 초가 흐르고 있었다. 답을 알고 있었던 나는 너무 답답한 나머지 용기를 내어 '이탈리아!'라고 거의 소리를 지르듯 말해 버렸다. 선생님은 정답을 말한 나를 칭찬하셨지만 급우들은 그저 키득거리고 웃을 뿐이었다. 영어식으로 '이태리'라고 말해야 했고, 게다가 미국식으로 발음하자면 Italy에서 't'발음을 굴려 '이럴리'라고 답했어야 했는데, 너무나 정직한 한국식 발음으로 '이탈리아'라고 대답했기 때문이다. 나는 정답을 말하고도 웃음거리가 된 것에 후회가 밀려왔다.

수업 내용도 어느 정도 알아듣고 답도 이미 알고 있음에도 불구하고 수업 내내 한마디 표현하기가 어려웠던 참 답답한 시절이었다.

극복의 통로

견딜 수 없는 바보 느낌에서 탈출하는 방법은 그저 공부뿐이었다. 나를 우습게 보던 아이들에게 실력을 보여 줘야겠다는 오기가 발동하면서 나는 이를 악물고 영어 공부에 빠져들었다.

7학년 세 달이 지나고 여름 방학이 시작되면서부터 나는 매일 동네 도서관으로 '출근'을 시작했다. 우선 글씨가 있는 가장 쉬운 유아용 동화책부터 닥치는 대로 읽고 외웠다. 그렇게 무작정 읽기를 시작해 여름 방학 동안 3학년 수준에 해당하는 모든 책을 읽어 치웠다. 이왕 미국에 온 이상 피해갈 수 없는 노릇이었고, 영어를 못 한다고 다른 능력까지 무시당하는 것을 두고 볼 수 없었기 때문에 나는 더욱더 매진했다.

그 여름 열심히 노력한 덕분에 8학년이 되자 나의 영어 실력은 월등히 향상되었다. 말하기는 여전히 어려웠지만 읽기, 쓰기는 눈에 띄게 좋아져 학교가 생긴 이래 가장 단기간에 ESL을 졸업하고 정규 영어 수업에 들어갈 수 있었다.

물론 영어가 늘었다고 학교 생활이 단번에 쉬워진 것은 아니었다. 하지만 8학년 말에 이르러서는 학교에서도 이 노력을 알아 주었다. 선생님들은 많이 칭찬해 주셨고 중학교 졸업식에서는 우등상까지 받게 되었다. 내가 졸업한 뒤에 선생님들이 후배 유학생들에게 내 얘기를 들려주며 "열심히 노력하면 얼마든지 좋은 결과를 낼 수 있다"는 이야기를 전한다는 소식도 들을 수 있었다.

남들에겐 별것 아닐 수 있지만 내게는 미국이라는 새로운 세상에서 일궈 낸 엄청난 성과였고 큰 성장이었다. 오기로 노력한 덕분에 나는 서서히 학교생활에 자신감을 찾아 나갔다.

3. 가르치면서 배우기

꼬마 과외 선생님

도서관에서 살다시피 하며 영어를 공부한 것 다음으로 성적을 높이는 데 도움이 된 것은 바로 과외였다. 이는 내가 과외를 받았다는 말이 아니라 내가 과외 선생이 되었다는 뜻이다.

내 첫 학생은 동생의 친구 제인. 당시 캘리포니아에서는 만 12세를 넘지 않은 어린이가 집에 혼자 있는 것이 불법이었다. 제인의 부모님은 맞벌이를 하셨기 때문에 제인은 방과후 우리 집에 와서 내 동생과 함께 놀곤 했다. 그러다 제인 어머니가 그냥 노는 것보다는 언니인 내가 숙제를 도와 주면 어떻겠냐는 제안을 하셨다. 덕분에 나는 8학년이란 나이에 2학년 제인의 과외 선생님이 되었다.

엉겁결에 시작된 과외는 내게 잘 맞는 아르바이트였다. 어느새 이웃들에게 어린 과외 선생에 대한 소문이 나기 시작해 내게 배우러 오는 학생들이 하나둘 늘어나기 시작했다. 한 어머니는 아들이 학교나 학원 선생님보다 나와 공부하는 것을 더 좋아한다며 꽤 오랫동안 과외를 부탁하셨다. 그 어머니의 말에 따르면 아들이 "유진 선생님은 답을 그냥 가르쳐 주는 것이 아니라 먼저 생각하게 만든다"며 좋아했다고 했다. '생각하고 답을 찾아내는 방법을 가르친다'는 것. 지금 생각하면 이때부터 이미 필립스 엑시터의 하크네스식 공부를 가르치고 있었던 모양이다.

8학년 시절부터 고등학교를 다니는 내내 나는 초중학교 학생들에게 수학을 비롯해 영어, 역사, 과학, 글짓기 등을 가르쳤고 12학년이 되어서는 9학년생들에게 SAT까지 가르쳤다. 대학에 들어가서는 아예 학교 지정 튜터로 선별되어 파트타임으로 동급생에게 생물과 화학을 가르쳤고, 대학원에 가서는 개인 과외와 함께 진학 컨설팅도 했다. 그 뒤 필립스 엑시터의 교사를 거쳐 지금 대학 강단에 서기까지, 8학년 꼬마 과외 선생으로 시작했던 가르치는 일은 내 본업이 되었다.

교사가 내 적성!

학창 시절, 학생들에게 과외를 가르치면서 얻게 된 것이 몇 가지가 있다.

첫째, 내게서 가르치는 재능을 발견할 수 있었다. 직접 가르치는 경험을 쌓아 보지 않았다면 나는 내가 가르치는 일을 좋아하는지를 알 수 없었을 것이다.

둘째, 무엇보다도 과외는 내 공부에도 큰 도움이 되었다. 누군가를 가르치기 위해서는 먼저 그 내용을 내 것으로 만들어야 한다. 게다가 나는 좀 더 능력 있는 과외 선생이 되고 싶다는 소박한 바람으로 나만의 교수법을 만드는 데 매진했다. 이 두 가지를 반복하다 보니 자연스레 공부의 요령을 터득하게 되었다. 또한 공부한 내용을 정리하고 이해하는 방법, 내가 배우는 과목 전체를 해석하는 안목을 키우게 되었다.

마지막으로, 나는 모든 지식은 통해 있다는 귀중한 사실을 깨달았다. 5학년 때 배운 내용은 거기서 끝나는 것이 아니라 12학년의 공부와 어떤 식으로든 연결된다는 것, 역사 수업에서 배운 내용이 생물학 시간에도 유용하다는 것 등 세상의 모든 지식은 깊은 관계 속에서 연결되어 있다는 사실을 제법 어린 나이에 깨우치게 되었다.

이렇게 나는 이미 어린 나이에 가르치면서 배우는 기쁨을 느끼고 있었다.

4. 배짱으로 준비한 대학 입시

우등반 'Honors'

어린 과외 선생님으로 활동(?)을 시작한 8학년 시절은 사실 고등학교 진학 준비로 한창 바쁜 시기이기도 했다. 내가 진학하게 된 써니 힐즈 하이스쿨Sunny Hills High School에서는 '아너스Honors'라 부르는 우등반 과정이 있었는데 이 수업을 들으려면 따로 시험을 쳐서 일정 수준 이상의 성적을 얻어야 했다.

나는 수학만 우등반 과정을 듣고자 시험장에 갔다. 그런데 알고 보니 수학 시험이 영어 시험 다음이라 한참을 기다려야 했다. 나는 이왕 기다리느니 시험이라도 한번 봐야겠다는 생각에 영어 시험까지 치르게 되었다.

그런데 기대하지도 않았던 영어 시험에 턱하니 붙고 말았다. 막상 시험에 붙고 나니 얼떨떨했다. 미국에 온 지 이제 갓 1년을 넘긴 터라 정규 과정을 초스피드로 올라간 것 만으로도 충분히 벅찬데 내 주제에 무슨 우등 영어 수업을 듣는단 말인가! 합격은 했지만 정작 잘 할 수 있을 것이라는 확신이 들지 않았다. 호기롭게 시험을 치던 순간과는 달리 간이 작아진 나는 결국 '아너스'에 등록하지 않고, 영어와 역사는 정규 과정에 등록했다. 그러자 며칠 뒤, 카운슬러 선생님이 면담을 요청해 왔다. 내 설명을 들은 선생님은 "시험을 'cold turkey'로 보고도 성적이 우수하다니 대단한데?"라고 놀라셨다.

처음에 나는 'cold turkey'가 무슨 뜻인지를 몰랐다. 알고 보니 그 말은 '준비 없이 만들어 내다'라는 의미의 표현이었다. 나는 시험 한 번으로 내 실력이 과대평가되는 것 같아 두려웠다.

하지만 결국 선생님들의 설득 끝에 우등반인 아너스로 고등학교 생활을 시작하게 되었다. 그러다 보니 자동적으로 국제 수능 과정IB, Internationl Baccalaureate에 들어가게 되었고, 결국은 '전과목 A'로 수석졸업까지 하게 되었다.

그 무렵 나는 자신감이 부족하고 고지식한 아이였다. 타고난 성향도 내성적인 데다, 사춘기가 시작될 무렵부터는 낯선 나라에서 남의 언어로 생활하다 보니 늘 남보다 뒤처져 있다는 생각에 위축되어 있었다. 하지만 돌이켜 보면 이런 상황에서 나의 고지식함은 오히려 장점이 되었다. 남들보다 부족하니 그저 열심히 해야 한다는 생각이 가득했고 그 생각대로 정신없이 공부에만 매달렸다. 그리고 그 덕분에 오히려 몇 걸음 더 앞서갈 수 있었다.

그때는 이 어려움을 극복해야 한다는 생각에 사로잡혀 있었는데, 그 과정들을 통해 나는 조금씩 자신감을 회복해 나갔다. 자신감이란 태어날 때부터 갖춰지는 것이 아니라 조금씩 만들어 진다는 사실을 그 시기를 통해 깨달았다.

겁 없었던 대학 지원

전략 없이 시작된 미국에서의 공부는 고지식한 노력으로 좋은 성과를 이뤄 갔고 나는 어느새 대학 입시를 준비하는 시기에 이르렀다. 부모님은 미국 교육을 경험해 보지 않으셨으니 구체적인 도움을 주기 힘들었고, 늘 혼자서 잘해 온 딸을 믿어 주셨다.

나는 대학입시와 관련해 전문적인 컨설팅은 고사하고 학교에서 지원하는 카운슬링도 받지 않고 혼자 대학 입시를 준비해 나갔다. 그때 나의 자세는 한 마디로 '배짱'이었다. 그저 열심히만 했던 중고등학교에서처럼 담담히 대학 입시와 맞섰다.

미국의 대학 입시는 정확하게 점수로 떨어지는 수학 공식이나 과학이라기보다는 변수가 많은 '예술'에 가깝다. 그래서 지원하는 학생들 역시 내 점수에 맞춰 '딱 이 대학'이라고 한두 곳만 정하기보다는 기본적으로 상위권reach school, 자기 실력권match school, 안정권safety school이라는 세 개의 카테고리로 나누어 지원할 학교를 선정한다.

나는 가능성이 많지는 않지만 도전해 볼 만한 상위권 학교로 스탠포드와 웰슬리 여대를, 가능성이 높은 실력권 학교로 UCLA를, 마지막으로 내 성적이면 합격이 확실한 안정권 학교로 UC 어바인Irvine을 골랐다.

어떤 대학으로 진학할 것인가?

나는 결국 UC어바인을 선택했다. 부모님의 도움을 받아 동부로 가고 싶은 마음도 있었지만 지나고 보니 UC어바인을 선택한 것은 여러 가지 면에서 최선의 선택이었다. 학교가 내게 '캠퍼스와이드 아너스 Campuswide Honors 프로그램'이라는 파격적인 장학금 혜택을 제시했기 때문이다.

이 장학금은 당시에는 비교적 새로운 것이었는데 지금은 대규모 대학에서 자리를 잡은 일명 '대학 안의 대학college within a college' 개념의 프로그램이었다. 소수의 우수한 학생들에게 전액 장학금은 물론이고 기숙사비에서 교재 구입에 이르는 모든 비용을 책임질 뿐만이 아니라 교수님과의 만남을 비롯해 사교 활동과 커뮤니티 활동에 대한 혜택도 많이 주는 것이 이 프로그램의 내용이다.

학교가 이렇게 소수에게 특별한 프로그램을 제공하는 것은 큰 대학의 장점과 작은 대학의 장점을 두루 갖추어 수준 높은 학생들을 유치하기 위한 것이다. 그런 노력 덕분인지 모교인 UC어바인은 현재 내가 다닐 때보다 훨씬 수준 높은 대학이 되었다.

생물학과의 인연

어린 시절, 관심을 가졌던 분야 중 하나가 '뇌'에 관한 것이었다. 사람들은 어떻게 생각이란 것을 하고 그 생각에 따라 행동하고 기억하고 모든 것을 감지해 낼 수 있을까? 이 모든 것을 관장하는 뇌의 능력은 대체 어디까지일까? 이러한 원초적인 관심에서 나는 생물학을 전공으로 선택했다. 생물학은 과학 분야 중 가장 문과 성향이 강해 내가 가진 고유한 적성과도 그리 멀지 않다.

하지만 전공을 생물학으로 정한 것은 고등학교가 거의 끝나가던 무렵이라, 정작 필요한 AP Advanced Placement* 생물학 수업을 수강하지 않았던 상태였다.

이렇게 대학을 정하는 일도, 전공을 정하는 일도 계획된 전략이란 전혀 없었다. 하지만 우선 순위가 아주 없었던 것은 아니다. 평소에 관심을 가졌던 것, 내가 잘 할 수 있는 것을 제일 먼저 생각했다. 지나고 나서 생각해 보니 이것이 곧 전략이었던 셈이다.

---

* 고등학교때 미리 대학과목을 이수하는 프로그램이다.

5. 대학 시절

학교 지정 튜터 & 한인 학생 동아리 활동

많은 사람들에게 그렇듯 내게도 대학 4년의 시간은 젊음과 자유, 그리고 성장의 시간이었다.

1학년 첫 학기, 400명이 함께 듣는 기초생물학 강의는 출석 체크를 하지 않았는데 신기한 마음에 괜스레 강의를 빠지기도 했다. 지금 돌아 보면 학업 수준은 또래들보다 앞서 있었지만, 사회성 면에서는 뒤쳐져 있었다. 그래서 시행착오도 많지 않았나 싶다.

미국에서는 성적이 좋은 학생을 학교 지정 튜터로 정해 튜터링 비용을 지원하면서 동료 학생들을 가르치도록 하는 대학들이 있다. 내가 다닌 대학에도 이러한 제도가 있었다. 나는 다섯 명으로 이루어진 소규모 반의 지정 튜터가 되어 기초화학 및 세포·발달 생물학 등을 가르쳤다. 한 학기 네 과목을 수강하면서 여러 그룹의 튜터링을 맡는 것은 시간적으로도 힘든 일이었지만 보람이 있었다.

대학에 와서도 고교 때부터 하던 과외는 주말과 방학을 이용해 계속했고 아르바이트를 하기도 했다. 바로 강의 노트 회사에서였다. 물론 이 회사는 학교에서 정식으로 허가한 회사이다. 여기서 나는 내가 공부한 내용을 노트로 정리해 제공하는 일을 했다. 또 회사에서 제공하는 강의 녹음 내용을 듣고 노트로 정리하는 일을 맡았는데 공부에 많은 도움이 되었다.

또 의대나 치대 등 의학 분야 쪽으로 진출할 뜻을 가지고 있는 한인 학생들이 주축이 된 '코리안 헬스 어소시에이션Korean Health Association' 이라는 동아리에서 활동했다. UC어바인에는 워낙 한인 학생들이 많기 때문에 한국인 동아리만 해도 여러 개가 있었는데 그중 하나였다. 나는 의사가 될 생각이 없었지만, 같은 문화적 배경을 가지고, 같은 전공을 가진 친구들과 함께 어울리는 것이 소중했다. 그리고 이러한 시간이 내 대학 생활을 더욱 기름지게 했다.

Leon 실험실에서 만난 스승

대학 2학년 시절, 그때 나는 배움에 대해, 그리고 인생에 대해 소중한 깨달음을 준 한 선생님을 만나게 되었다.

당시 나는 유기화학 수업을 들으면서 난생처음으로 도저히 이해되지 않는 과목도 있다는 것을 경험했다. 내가 할 수 있는 한 최선을 다했는데도 성적은 B학점. 그 점수마저도 받기가 얼마나 힘들던지. 학기가 끝나고 나서도 내용을 완전히 이해하지 못했다는 생각이 나를 괴롭혔다.

유기화학은 생물학 전공 필수 과목인지라 나는 생물학으로 정했던 전공을 바꿔야 하는 것은 아닐까 고민도 했다. 하지만 전공에 대한 이 고민 덕분에 오히려 생물학을 더 진지하게 공부해 보자는 결정을 하게 되었고 그길로 레온 교수님의 실험실에 들어갔다. 신경계 발달 생물학을 연구하시는 레온 교수님은 서글서글한 인상만큼이나 친절

하고 교육에도 관심이 많았다. 그분은 나를 흔쾌히 받아 주셨다.

바로 이곳에서 내게 큰 영향을 준 박사후과정연구원으로 계셨던 브렛 선생님을 만나게 되었다. 레온 교수님 연구실에서 박사후과정 연구원으로 계시던 브렛 선생님은 "재능은 수학에 있지만 재미가 없어서 수학자가 되지 않았다"고 했다. 매일매일 하는 일에 재미가 있어야지, 잘한다고 무조건 즐거운 것은 아니지 않느냐는 것이었다.

이 말은 잘하는 것이 아니면 관심조차 없었던 내게 신선한, 그리고 커다란 충격이었다. 이때부터 나는 삶에 안주하지 않고 새로운 분야에 도전하는 모험에 눈뜨게 되었고 도전을 즐기며 새로운 길을 찾고자 하는 자세를 배웠다.

6. 하버드 의대 그리고 데나파버 암연구소

하버드 의대, 만능 공부벌레들의 집합소

MIT에서 박사 과정에 있던 친구의 농담에 의하면 나는 '하버드 강남 분교'를 다녔다. 하버드 의대대학원Harvard Medical School 캠퍼스는 케임브리지에 있는 하버드 대학의 본 캠퍼스에서 차로 약 20분 가량 떨어진 찰스 강 건너에 있다. 찰스 강을 사이에 두고 본 캠퍼스에서 봤을 때, 의대 캠퍼스는 강의 남쪽에 자리하고 있으니 친구의 말이 맞는 셈이었다.

의대 캠퍼스가 있는 롱우드 지역과 그 인접 지역에는 수많은 대학과 실험실, 병원이 자리하고 있다. 뉴욕 맨해튼을 제외하고는 미국 타 지역에서는 상상하기도 어려울 정도로 학교와 병원들이 몰려 있다 보니, 과히 교육 밀집 지역이라고 할 만하다.

나는 이곳에 있는 하버드 의대 캠퍼스의 대학원생 기숙사에서 생활했다. 대학원생 기숙사에는 많은 의대생을 비롯해 치의학 대학원생과 나 같은 박사 과정 학생들이 거주했다.

입학 뒤, 나는 오리엔테이션 프로그램과 환영 식사 스케줄로 바쁜 나날을 보냈다. 그리고 본격적으로 수업을 시작하기 전, 하루이틀 정도 조용히 보낼 수 있는 시간을 가졌다. 특별한 프로그램이 없어 기숙사에서 아침 식사를 만들어 먹고 있었는데 같은 층에 사는 두 명의 1년 차 대학원생들을 만날 수 있었다.

한 학생은 조깅을 하고 들어온 듯 보였는데, 마라톤 대회에 정기적으로 참여해 입상하는 수준이라고 했다. 다른 학생은 대학원생 1년 차라기에는 나이가 많아 보인다 생각했는데 아니나 다를까, 경영대학원을 졸업하고 회사에서 일하다가 의학 공부를 시작했다고 했다. 한 가지 분야에서만이 아니라 여러 분야에서 뛰어난 만능들을 보면서 세상에는 참 대단한 사람이 많구나라는 것을 새삼 느꼈다.

이런 동료들을 알아갈수록 나는 이들이 단순히 재능을 부여 받은 것만은 아니라는 것을 알게 되었다. 철저한 시간 관리와 체력 관리, 넘치는 열정과 쉴 새 없이 도전하는 모습을 보면서 결국 노력하는 태도가 자신의 재능을 발전시킨 원동력이라는 것을 깨달을 수 있었다.

데나파버 암연구소

데나파버 암연구소Dana-Farber Cancer Institute는 내 20대 청춘을 바친 곳이다. 하버드 의대 바로 옆에 위치한 이 연구소는 '지미 펀드'라는 이름의 소아암 기금으로도 유명한 곳이다. 나는 이곳에서 소아 소뇌암을 연구하는 로잘린드 시갈Rosalind Segal교수님의 실험실에 있었다.

그곳에 가기 전, 내가 대학 시절 보았고 또 동경하던 연구원들의 생활은 '자기가 하고 싶은 연구를 하고 싶은 스케줄에 맞추어 하는 것'이었다.

지금 생각해 보면 그때 내가 보았던 것은 캘리포니아식 연구 스타일이었을지도 모르겠다. 하버드 의대와 협력관계에 있는 데나파버 암연구소 실험실의 삶은 그보다 훨씬 더 빡빡했다.

'치열하다.' 20대의 내 삶과 마인드를 한 마디로 표현하자면 이보다 적절한 표현은 없을 것 같다. 나를 비롯해 하버드와 데나파버암연구소에서 만난 많은 과학자 또는 과학도들은 자신이 좋아서 선택한 공부에 24시간 몰두했다. 또 서로 경쟁해 가며 좋은 논문을 쓰고자 열정을 다했다.

나는 시갈 선생님 실험실에서 연구의 과정을 배웠지만, 사실 더욱 더 중요하게 배운 것이 있다. 다양한 배경의 사람들로 이루어진 미국 사회의 축소판에서 사회 생활을 배웠고, 석학들이 모여 때로는 협력하고 때로는 경쟁하는 세상을 배웠고, 나아가 나의 존재, 나의 삶도 조금씩 깨우쳐 갔다.

우리 실험실의 박사후과정 연구원들은 프랑스, 독일, 브라질, 중국에서 온 네 명과 미국인 두 명이었는데, 서로가 다른 개성을 가지고 있었다. 그들을 보고 있으면 각 나라의 국민성도 엿볼 수 있어 그 역시 재미있었다. 다혈질이지만 잘 웃는 프랑스 연구원, 깍듯하면서도 이기적이고 폐쇄적이어서 인기가 좀 없었던 독일 연구원, 실험실 문화와는 달리 시간을 매우 자유롭게 사용하며 누구에게나 따뜻했던 브라질 연구원, 주 7일 열두 시간씩 일하며 꼭 집에서 도시락을 싸 오던 중국 연구원. 모두가 고향을 떠나 최선을 다해 연구에 매진하던 좋은 사람들이었다. 연구 프로젝트에 대해 서로 논의하고 발전해 가면서 과학은 협력을 통해 이루어지는 과정임을 배웠다.

체력이 국력

내가 소속된 실험실에는 헤더라는 선배가 있었다. 헤더는 연구할 때는 확실히 몰입하고, 쉴 때는 확실히 쉬는 스타일이었다. 동네에서 공동으로 사용하는 텃밭에서 직접 농작물도 키워 먹는 등 실험실 밖의 생활도 열심이었지만, 일할 때는 며칠을 밤낮도 없이 일했던 철인 같은 선배였다.

우리 실험실에는 헤더와 관련한 유명한 일화가 하나 있다. 하루는 헤더가 새벽에 실험하다가 화장실에 갔는데 손잡이가 고장나는 바람에 화장실에 밤새 갇혀 있게 되었다.

핸드폰도 없던 시절, 밖에서 누가 도와주기 전에는 꼼짝달싹 못하는 상황이 되자 헤더는 바닥에 화장실 휴지를 깔고 '둥지'를 틀었다.

그리고 화장실 문틈 아래로 '도와주세요'라는 노트를 써서 문 틈 아래로 보내고 거기서 밤을 지새웠다.

재미있는 경험담으로 웃고 넘길 수 있는 얘기지만, 그만큼 데나파버 암연구소에는 늦은 밤까지 열심히 일하는 연구원들이 많았다. 지금도 데나파버 암연구소 뿐 아니라 근처 많은 연구실을 지날 때면 이른 새벽부터 밤 늦게까지 불켜진 창문을 볼 수 있다.

서울에서 하버드를 지나 필립스 엑시터까지

수학을 잘 했지만 자신의 열정을 따라 생물학자의 삶을 선택한 브렛 선생님, 연구가 좋아서 1년 365일을 실험실에서 철저히 몰입하는 하버드 의대 교수님들, 국적과 성격과 문화가 다르지만 서로 협력해서 연구하는 암연구소의 연구원들, 학생들의 배움과 인성적 성장을 위해 조력자의 역할에 최선을 다하는 필립스 엑시터의 선생님들, 타인을 위해 사는 삶에 가치를 두고 실천하는 필립스 엑시터의 공동체 일원들. 그들은 모두 자신이 어떤 사람인지를, 어떤 일을 할 때 보람을 느끼는지를, 또 어떻게 몰입해야 하는지를 깨우친 사람들이었다.

초등학교 6학년 시절까지의 서울 생활, 갑자기 미국에서 이민 생활을 시작한 뒤 하버드를 지나 필립스 엑시터의 교사로, 그리고 지금 대학 교수가 되기까지 나는 이렇게 수많은 사람들을 만나며 공부하고 삶을 나누어 왔다.

그 과정 속에는 크고 작은 어려움도 많았다. 그러한 어려움을 극복의 대상으로 여기고 때로는 오기로 때로는 기다림으로 최선을 다했기에 내 길을 갈 수 있었다.

내겐 앞으로 더 많은 공부와 가르침의 길이 남아 있다. 이 길 또한 배움의 파트너들과 협력하며 즐겁게 살아가고자 한다.

하버드가 선정한 미국 최고 명문고의 1% 창의 인재 교육법

세계 최고의 학교는 왜 인성에 집중할까

초판 1쇄 발행 2014년 7월 22일
초판 8쇄 발행 2023년 2월 28일

지은이 최유진, 장재혁
펴낸이 김선식

경영총괄 김은영
콘텐츠사업2본부장 박현미
책임편집 이여홍 **책임마케터** 문서희
콘텐츠사업5팀장 차혜린 **콘텐츠사업5팀** 마가림, 김현아, 이영진, 최현지
편집관리팀 조세현, 백설희 **저작권팀** 한승빈, 김재원, 이슬
마케팅본부장 권장규 **마케팅4팀** 박태준, 문서희
미디어홍보본부장 정명찬 **디자인파트** 김은지, 이소영 **유튜브파트** 송현석, 박장미
브랜드관리팀 안지혜, 오수미 **크리에이티브팀** 임유나, 박지수, 김화정 **뉴미디어팀** 김민정, 홍수경, 서가을
재무관리팀 하미선, 윤이경, 김재경, 안혜선, 이보람
인사총무팀 강미숙, 김혜진, 지석배
제작관리팀 최완규, 이지우, 김소영, 김진경, 양지환
물류관리팀 김형기, 김선진, 한유현, 전태환, 전태연, 양문현, 최창우

펴낸곳 다산북스 **출판등록** 2005년 12월 23일 제313-2005-00277호
주소 경기도 파주시 회동길 490 다산북스 파주사옥
전화 02-704-1724 **팩스** 02-703-2219 **이메일** dasanbooks@dasanbooks.com
홈페이지 www.dasan.group **블로그** blog.naver.com/dasan_books

© 2014, 최유진, 장재혁

ISBN 979-11-306-0363-6 (03370)

• 책값은 뒤표지에 있습니다.
• 파본은 구입하신 서점에서 교환해드립니다.
• 이 책은 저작권법에 의하여 보호를 받는 저작물이므로 무단 전재와 복제를 금합니다.

다산북스(DASANBOOKS)는 독자 여러분의 책에 관한 아이디어와 원고 투고를 기쁜 마음으로 기다리고 있습니다.
책 출간을 원하는 아이디어가 있으신 분은 이메일 dasanbooks@dasanbooks.com 또는 다산북스 홈페이지 '투고원고'란으로
간단한 개요와 취지, 연락처 등을 보내주세요. 머뭇거리지 말고 문을 두드리세요.